지금 시작해도 괜찮아
심리학자 아버지가 아들에게 보내는 편지

心理學家爸爸寫給青春期的你，那些脆弱與美好的人生

韓國知名臨床心理學家
李珉圭——著
尹嘉玄——譯

推薦序

細細咀嚼這本書，感受美好親子關係

王意中
王意中心理治療所所長、臨床心理師

青春期的孩子會變得相對敏感，因此在和青春期孩子對話的過程中，父母得要非常細膩覺察自己的說話方式，以及仔細聆聽孩子的回應。**我們已經不能再延續以往對待兒童期孩子的模式**，而不做任何的教養系統更新，因為眼前的孩子，他們的成熟度已經不斷地進行內部提升，而且速度很快。

因此，隨時覺察自己的教養模式，隨時調整自己的對待方式，在面對青春期的孩子，特別顯得關鍵與重要。親子關係的維繫，大人優先調整是最有效的。父母的主動改變，其實孩子一直看在眼裡。尤其是——如果我們的改變能夠長時間的維持，這將讓孩子主動升等彼此的親子關係。

當我們不斷和孩子分享，不斷地釋放出想要了解孩子的強烈動機。讓孩子明顯感受到，在成長的過程中，我們願意陪伴他一起走過青春期，這一段生命中微妙的旅程。因為，蛻變的沿途雖充滿壓力，卻也可能滿是驚喜。無論是，來自於內在、外在的劇烈改變。

我的專業領域主要在於兒童青少年心理輔導、諮商與治療。我曾經和自己的孩子分享，當做為心理師的爸爸，如果有一天，突然發現眼前的你們竟然是那麼地陌生，竟然不了解你們心裡在想什麼，甚至於不懂得如何與你們相處，這將是多麼地諷刺。

然而很現實的是，身為心理專業工作者，與扮演父母親的角色，其實是兩件截然不同的事情。在工作領域上，我可以很有自信，並要求自己專業維持在極致。但一轉換成父母的角色，卻沒有人可以聲稱自己是專業的爸爸，專業的媽媽。因為，**孩子的成長是一種每日時時刻刻的動態挑戰**，會不時拋出問題，讓爸媽苦於應對。

雖然如此，我依然想要拉近這兩者之間的距離。我相信有了專業上的理解，可以作為支持背景，將有助於讓自己更為敏銳、細膩地自我覺察自己的教養陪伴模式，並且適時、主動地修正與孩子的互動關係，而讓彼此的關係模式持續維持在一個好的狀態、彼此了解的狀態。而選擇閱讀，就是一種相當適合的方式，也是我一直在身體力行的事。

非常欣喜遇見，這一本令人感到親切與共鳴的《心理學家爸爸寫給青春期的你，那些脆弱與美好的人生》。書中讓我感受到身為父母寶貴的地方，就在於我們擁有許多充滿繽紛的人生體驗，這些經驗不盡然都是成功，當中甚至於存在著更多的失敗與挫折。

我們不需要也不期待，讓孩子複製我們的人生。然而，**孩子卻可以透過我們的分享，逐漸**

找到屬於他自己，沒有人可以幫他決定、主宰的人生方向。

《心理學家爸爸寫給青春期的你，那些脆弱與美好的人生》這本書，也非常適合讓家中正值青春期的孩子獨自閱讀。書中處處都是金句，處處都可以讓讀者放在腦海裡，細細咀嚼，再慢慢提煉出來，裝置在自己的教養、生活、學習與工作中。

這本書更不設限於親子，也非常適合給任何想要了解自己的你，作為閱讀的參考。書中內容，無論在什麼時候觀看，都會為你帶來嶄新的想法，讓我們以更正向、合理的態度，面對眼前的人生。

推薦序

看見一位父親陪伴孩子的生命智慧

胡展誥
諮商心理師

「請問，我該提供孩子什麼樣的協助呢？」每次演講結束後，總會有家長提出類似的問題。「陪他聊聊天吧。」不論對方的孩子是國小、國中，還是高中生，我一定會先如此回應。

伴隨這個回應而來的是一張張困惑不解的表情。而這種表情，彷彿也傳達出**現代生活裡有先進的通訊設備，卻愈來愈遙遠的親子溝通互動**。

我的腦海裡一直記得一個畫面，應該是我還在念幼稚園的某一個晚上。

當時我和父親兩人在外婆家的院子裡。我坐在小小的板凳上、喝著鋁箔包飲料，仰望著難得休息的父親。那是一個月亮好大好圓的夜晚，吹著徐徐晚風，不知道為什麼，我竟對平時很嚴肅的父親提出了許多童言童語的問題：「爸爸，天上的星星為什麼不會掉下來？」「我是怎麼生出來的？」「為什麼人只要肚子痛就會拉肚子？」「為什麼……？」

我早已忘了父親是怎麼回應這些無厘頭的問題，卻記得他帶著微笑、用溫和的語氣和我一搭一唱地聊著。

沒有制止、沒有糾正。那一刻，我真的覺得自己是世界上最幸福的孩子，現在想起來，還會忍不住微笑呢。

我是一個與兒童和青少年談話的諮商心理師，每天的工作都與親子教養有關。我發現在親子關係中，大人似乎已經習慣用說服、教育、命令的方式，來與孩子互動，雖然這些行為往往是基於愛與關心，但充滿壓迫的氛圍卻將彼此遠遠推開。**父母親愈用力，孩子卻愈排斥。**

如果不用教的、不用命令的，我們好像已經忘了可以與孩子聊些什麼。要是家裡有青春期的孩子，父母往往更頭大。總覺得他們除了滑手機、撥瀏海，或者滿口強詞奪理，實在找不出到底還有什麼主題可以深入談話。

我看到很多父母努力想出許多問句，試圖和孩子溝通。但是不管你怎麼問，他們總是回答：「都可以」、「不知道」、「隨便」……碰得你一鼻子灰，以及滿滿的挫折。到後來只好收起原本的熱情，用命令或指責的方式來互動。

那到底該怎麼辦呢？

這是一本很好看的書，我在閱讀的過程中幾度因為感動而紅了眼眶。感動，不是因為賺人熱淚的故事，而是因為在這本書的字裡行間，**我彷彿聽見一位父親坐在孩子的身邊，用溫暖而認真的語氣娓娓道來自己在生命中學到的智慧。**

不是命令、不是說教，就只是聊天。

說教，是強迫對方接受「什麼才是對的」；而分享，則是與對方聊一聊自己在生活中長出的智慧、曾經嘗試的行動、曾經跌倒的挫折，至於接收於否，則尊重對方聽完之後的決定。

這是一本很好的親職互動參考手冊，但不只是這樣而已，**這也是一本陪伴大人與自己對話、整理自己生命經驗的引導**。如果你不知道怎麼跟你的孩子聊天、如果你想與自己說說話，那麼就翻開手上的這本書吧！

除此之外，我很喜歡每一個章節的最後，都有一個「Just do It」的練習。與其他書籍的練習不同，這裡沒有繁複、難懂的步驟，而是簡單卻又貼近生命的問句。你可以在任何時刻、隨興地從某一個練習當中挑選一個問句，然後靜靜地與自己對話。

閱讀這本書，相信你也可以和我一樣獲得滿滿的收穫與感動！

推薦序

心理學家這樣解讀青春的內心劇場

溫美玉
南大附小教師、全台最大教師專業教學社群創辦人

沒有人能逃過晦澀的青春期，可能是因為對升學制度的厭惡、教材的無力感、人生方向的迷惘，或是對倚老賣老的大人反感……。作者以自身諮商經驗及心理學專業，解答他兒子（當然還有普世年輕人）在青春期時出現的疑問，列舉出書中四大特色：

1. 命中要害

每個單元都道出青少年們內心的困惑，例如：為什麼要讀書？為什麼一定要追求大學畢業？為什麼有人看起來沒有我拚命，書卻讀得比我好？除此之外，諸如夢想、充實人生、時間管理這類議題，也是進入職場的大人會在意的事，同樣能從中大受啟發。

2. 精神喊話

書中列舉成功案例，不斷激發讀者的「正能量」。開頭顯著的標語，加上名人格言及故事，都能鼓舞讀者「別因一時快樂，忘了重要的事！」

3. 實踐策略

只有精神喊話容易淪為說教，貼心的作者還加入心理學理論知識，並在每一節最後加入「Just Do It」單元，給予策略逐步嘗試。例如：設定目標的SMART法則、八十／二十法則、生命線的繪製等。

4. 用數據說話

大量使用心理實驗及統計結果說服讀者，這樣一來，再「鐵齒」的讀者都沒話說啦！例如：成績優異的學生有七九・九％實踐讀書計畫，成績普通的學生則僅有二一・四％有按照讀書計畫實踐。

而父母與師長如何帶著孩子一起實踐？身為國小老師的職業病，我想像著書中內容能如何運用到教學，帶領全班同學一同實踐？（當然父母對子女也可套用）進而找出了幾個方向：

1. 「教學活動」超實用

書中的「夢想藍圖」、「繪畫生命線」、「撰寫墓誌銘」等活動，正好提供給高年級學生，思考自己未來生涯發展、時間管理。

2. 「讀書方法」也能成爲教學方法

第四章提到筆記、圖像思考的記憶法，若將這些預習策略套用到課堂中，就能擺脫過去「老師講、學生聽」的僵化模式，讓學生的學習更有效能，甚至未來內化為自己的讀書方法呀！

3. 結合爲「班級經營」策略

學生願不願意專心上課？抱著什麼心態面對學校生活？這些都是營造良性班級氛圍的關鍵。書中第三章談到「專注」的策略和上下課的心態，值得帶著學生討論並試用，除了激發他們更積極面對學習，還可減少班級常規的問題。

4. 分析說理文章怎麼寫？

到了國、高中，會考和學測都要考作文，本書每一篇文章，都是最標準的議論文示範。挑選其中幾篇，帶領學生分析文章中哪些是「論點、證據、解決方式」，解構文章的手法，可幫助學生儲存到腦中資料庫，還可能成為他們未來寫作的養分！

這是一生受用的「正向寶典」，不僅隨意翻閱都有感，還能讓你在低潮、懷疑自我時，給予滿滿的正能量與方向。當然，別只是翻翻，大人、小孩一起來實際行動吧！

目錄

推薦序　細細咀嚼這本書，感受美好親子關係　王意中　003
推薦序　看見一位父親陪伴孩子的生命智慧　胡展誥　007
推薦序　心理學家這樣解讀青春的內心劇場　溫美玉　011
前言　改變我們父子人生的骨牌效應　019
寫給父親的信　獻給在身後等我、陪我的父親　025

Chapter 1

書本、排名與人生角色，我們如何讓世界從日常變有趣？

兩名男子從同一個鐵窗向外看，一個看見一片泥濘地，一個看見滿天繁星。

——佛雷迪克．朗布里奇（Frederick Langbridge）

01 大人與孩子，我們如何從兩端走向彼此？　033
02 世界上你最討厭的一句話，是什麼呢？　042
03 三歲習慣，八十也能改！怎麼做？　049

04 幸福與成績排名無關？發揮你的潛力才是關鍵 055
05 裝假成真！來場「正面表述」實驗 061
06 你如何用「今天」讓「明天」變得不一樣？ 067
07 低潮是為了生存，該如何克服？ 072

Chapter 2

改變人生的「目標設定術」——WISE 核心、SMART 原則

你想要成為什麼樣的人？不妨先告訴自己，然後去做該做的事。

——愛比克泰德（Epictetus）

01 長大後的你，正在做什麼呢？ 083
02 藉口千百個，實現目標的理由只要一個！ 089
03 運用 SMART 原則，找出實踐方法 099
04 現在對你來說，最重要的事情是什麼？ 106
05 先想好「結果」，開始就會不一樣 113
06 如何定出一個不會失敗的計畫？ 120
07 跌倒時，我會撿一些東西再站起來 128

Chapter

3

抱怨沒時間的人享受不了，你得懂時間管理、創造效益

人生苦短，為何要浪費時間在不重要的事情上，使人生變得更短。

——塞繆爾．約翰遜（Samuel Johnson）

01 明明認真生活，為什麼時間還是不夠用？ 137

02 一天十五分鐘，就能讓你成為專家 143

03 「時間小偷」正在綁架你的人生！ 151

04 不要靠「認真」面對這個不公平的世界 157

05 運用「信號」，就能提高專注力？ 164

06 集中力是本能，只要我們懂得使用 172

07 上課前要「？」，下課後要「！」 181

Chapter

4

讀書怎麼變有趣？跟著我的腳步找到你的「學習槓桿」

所謂發現，就是看見每個人都看見的東西，卻能想出沒人想到的想法。

——艾伯特．聖捷爾吉（Albert Szent Gyorgyi）

01 利用心理學，讓你找到有效讀書法 191

02 學習一樣需要地圖，帶著好奇心預習吧！ 198

03 別相信你的記憶！熟記內容的訣竅 209

04 整理筆記，就能提高三倍訊息儲存量 217

05 畫成圖、編故事，讓感官幫你記東西 228

06 人生中無法避免的一件事，我們如何迎戰？ 237

07 無法真心喜歡每一個老師怎麼辦？你可以這樣選擇！ 244

結語 這本書的終點，會是你的起點 250

前言

改變我們父子人生的骨牌效應

兒子政宇剛好在我完成首爾大學博士學程、擔任校務委員期間出生。過去在為大學生進行心理諮商的過程中，我發現一件事——那些會來找我諮商的學生，大部分都和父母相處不睦。因此，這件事提醒了我，與其叫兒子用功讀書，不如有空就盡量多陪他玩、和他相處，使父子關係更為緊密。事實上，兒子也因此與我培養出深厚的父子情，在他很小的時候甚至對我說過：「爸爸，我好喜歡你，我覺得跟你相處很像朋友或哥哥，我可以直接叫你『哥哥』嗎？」

或許是因為當時跑來找我諮商的學生都很聰明、品學兼優的緣故，害我天真地以為，孩子只要和父母維持良好關係，其他問題就能迎刃而解。直到政宇讀完小學為止，這樣的觀念看似毫無問題，因為兒子前前後後總共轉學三次，但是都可以馬上和新同學打成一片，學校課業也跟得上大家的學習進度。只是到後來我才驚覺，原來有一件事情是自己設想不周的。

政宇升上國中以後，學校老師發了第一次段考成績單，兒子的名次掉到後段班。我對這樣的結果感到錯愕不已，但我知道孩子承受的打擊一定比我更大。事後我才輾轉得知，原來班上同學早在入學前就已經上過提前教育，預先學完國中一年級的課程。當時我才恍然大悟，但已經於事無補。我感到非常自責，好像都是我這當爸爸的沒有為孩子考慮周全一樣，只要陪孩子盡情玩樂就好的想法，更顯得極其天真。和孩子關係緊密固然是好事，但也應該幫助他好好學習才對，每當我一想到「要是當時有先打聽清楚，孩子就不會讀書讀得那麼痛苦……」時，就會對他深感愧歉。

自從那次的成績單公布以後，兒子開始對學校生活倍感壓力。當他發現自己已經跟不上大家的進度時，便對學習不再感興趣。他開始討厭上學，感覺和同學也不再像以前一樣處得那麼好。雖然我嘗試過各種方法，試圖想要為孩子盡一份力，但都效果不彰。當我想要說一句為他好的話時，他會在我尚未開口前就擺出一副「老爸又要開始對我說教了」的厭煩表情。於是在嘗試溝通的過程中，我與兒子的關係反而變得漸行漸遠。後來，我開始改用電子郵件寫信給他，把想要對他說的話透過文字呈現。

利用這樣的方式和孩子溝通，我發現有許多意想不到的好處。首先是比起口頭對話，文字可以更具體整理出自己想要表達的重點；第二，可以提供更多對孩子有幫助的資訊，包括一些實驗或實例；第三，因為不是直接當面溝通，大幅降低了不必要的情感對立與衝突。

幸運的是，一個月、兩個月，一年、兩年後，隨著時間流逝，孩子的狀態逐漸好轉，最終他如願進到了原本認為不可能考上的大學，也應徵上了許多大學畢業生夢寐以求的企業。要是在那段正值青春期的階段，我們不是用電子郵件，而是用當面說服對方的方式溝通，我想，父子關係絕對不會像現在這麼緊密。

事隔多年後的今日，我們父子倆依舊維持著用電子郵件溝通的習慣，對於我們來說，這是非常寶貴的溝通管道，不僅可以交流意見、分享資訊，還可以產生共鳴、達成共識。

如今回想，或許兒子十幾歲時做出的那些叛逆舉動，都是上天刻意為我安排的也不一定，為了讓我成為更有耐心的父親、更有智慧的心理學家。要是他是一個凡事都能自己打理得很好，不讓人操心；不必特別用功，成績就能名列前茅的孩子，或許我就不會寄那麼多封電子郵件給他了。最終，我很可能不會對兒子如此用心良苦，更不可能有這本書誕生。

本書的前身是《十世代，決定你的夢想與幸福》（暫譯），出版至今已有十餘年，當年和我用電子郵件溝通往來的兒子政宇，如今早已是三十世代、一名孩子的父親。回首過往，時光飛逝，最近我又重新閱讀這本書，發現有許多內容早已過時，也有好多地方想要修正補強，於是大幅修改了內容，決定改版重新上市。

隨著心理諮商經驗不輟，我很驚訝原來有不少和我兒子年紀相仿的青少年以及他們的父母，都會在孩子才十幾歲時就覺得為時已晚、落人於後，不如放棄還比較乾脆。但其實面對新開始，根本沒有所謂的「為時已晚」，儘管會面臨諸多考驗，不妨試著用稍微不一樣的觀點去看待，耐心等待並找尋解決方法。我從過去那些日子裡領悟到了一件事：我們所面臨的每一種狀況，其實背後都自有意義。當神要賜予人類恩典時，總是會以問題的形式作包裝，機會也往往會戴著危機的面具登場，**所有問題裡都隱藏著隨時可以逆轉的大小機會**。

翻開這本書的讀者當中，說不定有人是光聽到「讀書」兩個字就退避三舍的，這是因為你的內心早已對讀書帶有強烈的「無聊」、「厭煩」、「不論怎麼努力都不見成效」的負面印象，但是不論做任何事，只要你有心想要把它做好，就要持之以恆、有始有終，包括讀書也是。讀書和其他事情一樣自有王道，作為孩子的父親，我因為不重視讀書反而害了兒子在學習路上飽受折磨，這全是我這做家長的疏忽。因此，我也有把有效學習的方法收錄在這本書裡，希望大家可以不要像我的兒子一樣長期受讀書所苦。儘管「讀書」兩個字會令你心生反感，也希望各位可以考量到我身為作家暨父親的立場，由衷期盼你可以用正面的心態來讀這本書。

在此，我有幾件事情想要拜託正在閱讀本書的各位：

第一，要是你已經買下這本書，那這本書就已經是你的了。你可能會心想：「這不是廢話嗎？」但我想要強調的是，許多人看書都會悉心呵護、保存得完好如初，彷彿隨時都可以拿去書店退換貨一樣，但這本書不同，希望各位可以拿出一支筆，邊畫重點邊閱讀。要是能再多準備一隻螢光筆就更完美了，把想要銘記在心的句子畫線標示出來，必要時也可以打上星號、圈圈、驚嘆號或問號等，在書上留下閱讀過的痕跡。

第二，不要抱有一定要從頭讀到尾的壓力，試著拋開一定要按章節順序閱讀的既定觀念，從你感興趣的篇章開始挑選閱讀也無妨。或者只讀一個章節、一個主題，但是認真去實踐該篇章所強調的一個小觀念，因為各位只要執行過一次，我們的大腦就會產生「既然這件事我都能辦到了，另外那件事應該也難不倒我」的念頭，然後**那件小事說不定就會在各位的人生中產生不可思議的骨牌效應**。

第三，希望各位可以用積極的態度來閱讀這本書。閱讀過程中不妨偶爾停一下，給自己一段時間思考，回想與內容有關的自身經驗以及周遭友人的故事。把印刷出來的文字內容轉換成腦海裡的影像，才會變成真正屬於自己的有用知識。

第四，要是看見對自己毫無幫助或者認為有誤的地方，大可畫上「×」記號，然後在一旁空白處寫上你認為更好的對策。**世上所有問題都一定有解答，但絕對不會只有一種答案**，每個人認為有效的解決對策都不盡相同，萬一讀到不適用於自己的方法，可以不必採納。畢竟就算是再好的方法，只要不適合自己，那就不是什麼好方法。

最後，希望各位閱讀完這本書以後，可以重新複習一遍自己所摘錄的重點，然後試著思考要如何身體力行，那麼你就不再只是被動閱讀別人所寫的書籍，而是閱讀自己親自整理好的重點了。

尤其這次經過改版之後，文末處都有附上「Just Do It」項目，讓各位在閱讀完內容之餘，還能親身實踐一些小任務。這本書不能只停留在閱讀，一定要身體力行才有意義。當然，要是可以把每一項 Just Do It 都實踐過一輪，填入個人心得是再好不過的事，但是礙於每一位讀者偏好的閱讀方式不同，所以也不必受限於這樣的建議。要是認為填寫這些 Just Do It 反而有礙閱讀，可以挑選幾樣想要實踐的項目進行。

最重要的是不能只有純閱讀，讀完以後記得一定要至少實踐其中一項，這樣才不枉費投入閱讀的時間，也可以把內容真正內化成自己的知識與想法。

對於家中有十幾歲青少年的家長來說，希望本書可以幫助各位更加理解自己的小孩，同時，我也殷切期盼這本書可以為身處水深火熱當中的十世代青少年盡一臂之力，幫助各位實現夢想。當各位的夢想達成之際，那又會成為另一個人引頸期盼的夢想。

衷心希望閱讀這本書的讀者都可以夢想成真。

寫給父親的信

獻給在身後等我、陪我的父親

信裡那個年少無知的國、高中生，如今已是三十多歲，看著孩子調皮搗蛋、嬉鬧玩耍的父親。現在的我，依然和當年一樣不想用敬語稱呼您為「父親」，只想叫您「爸爸」。想當年，我還因為學校成績太差而不敢奢望有大學可以念，沒想到最後竟然順利上了大學，畢業後還進了一間不錯的公司，如今更是一個孩子的父親、一家之主，這一切還是那麼令人不可置信。

猶記得某天，因為我的學業成績實在太差，您被我的班導師請到學校辦公室裡面談，後來您還接到補習班導師的電話，說我學習態度不佳，他們決定把我退掉，以後不必再報到。那天的您，想必一定很錯愕吧，要是我一定會感到顏面無光、憤怒至極。但是那天晚上，您只有默默寫了一封信放在我的書桌上，信封袋上還寫著：「爸今晚要早睡，別叫醒我。」那天，我讀著您寫給我的信，難過得無以復加，實在令我自慚形穢。

後來，我下定決心認真讀書，但是事與願違，讀書簡直就是我的罩門。當時，我只是打從心底覺得該好好專心念書，但是在我真正開始讀的時候，腦袋卻什麼也記不住。學校、補習班，真的都只是純粹去報到而已，您那時看著宛如行屍走肉般的兒子，心裡一定很不好受吧？我記得您當時在大學裡指導的科目正好是適應心理學，同時為學校生活適應不良的同學或家長提供心理諮商服務，並進行家長指導。如今，在我自己成為父親以後，更能切身體會當時您的心裡會有多麼難受。

不僅如此，當時早已放棄讀書的我，甚至還大言不慚地對您說，我不想讀大學。猶記當時您問我：「那你以後要靠什麼維生？」然後我回答：「我要在我們家社區的十字路口三角窗那裡，開一間錄影帶租借店（如今早已消失的行業）。」現在回想起來，還真是個不知天高地厚的小屁孩。爸爸當時應該也覺得我很頭疼吧？自此之後，每到週末您就會帶我進行大學校園巡禮，我們一邊吃著便當還有我最愛的炸雞，一邊看著大學生們青春洋溢的模樣，然後在校園各處合影留念，於是我漸漸對大學這個地方產生好感。如今看來，原來那些大學巡禮都是您當時精心安排的策略。

我記得您說過：「上了大學，人生就會從此變得不一樣。」但這句話是從那時才開始真正進入我耳裡，也是從那時起才開始意識到，我最痛恨的讀書，很可能是此生無法逃避、必須面對的事情。當然，上大學並不保證一定會成功或幸福，人生也不會三百六十度大翻轉，但是當時的我，一心只想著趕快上大學，過過自由的生活，談談戀愛，參加系上活動。沒想到這種幼稚的理由，最後竟成了我讀書的動力。姑且不論理由是什麼，結果都還是走向了「專心讀書」的正途。爸爸當年的策略可謂是最大功臣。

我當時心意已決，就是要好好拚聯考，但是讀書並沒有想像中那麼容易，每當我深陷低潮、徬徨無助時，儘管是大半夜，我還是會跑去最想就讀的大學校園走走晃晃。我漫步在夜幕低垂的校園裡，徘徊在燈火通明的圖書館周遭，然後按照爸爸寫給我的信件內容，想像著自己已經成為那所大學的學生，在圖書館裡K書的畫面。

您告訴我的那套「影像訓練法」，不僅在我聯考時起了很大幫助，大學畢業後要面試工作時也受用無窮。面試前，我經常到現在任職的公司附近徘徊，想像著自己在這間公司裡工作的樣子，我思考著究竟該如何回答面試官的問題才能順利過關，甚至還真的詢問過當時路過的公司員工，有無任何面試技巧。

至今您寄給我的信多不勝數，我相信這世界上應該很少有人會像我一樣收到這麼多來自父親的信。坦白講，當初看到您寄來的信件標題顯示為「目標設定」、「時間管理的重要性」、「讀書方法」時，真的是連點都不想點開來看，但是不論我有沒有回覆您，您都還是不斷地寄信給我，所以後來我也漸漸敞開了心房，開始試著閱讀您寄給我的資料。

某天，我想起大學畢業後面試屢屢失敗，生活費也快要見底的那些日子，當時我寫了封信給您，信中提及自己明明都已經大學畢業，卻還不能負擔自己的生活費，實在深感抱歉，希望可以盡快找到工作，再也不必寫這種伸手要生活費的信給您。

於是您回我：

政宇啊，雖然很感謝你有這份孝心，但是要切記，不能因為這樣而隨意找一份工作將就著做，一定要想清楚自己真正想做什麼、可以培養你潛力的工作是什麼才行。

找工作不能只找單純提供你薪水的「職」，而是要找可以享受一輩子的「業」。只要找到真正屬於你的畢生志業，以後不管面臨任何問題，都不會被工作束縛、羈絆。爸爸會盡全力幫助你，直到你可以真正獨立為止，請放心。如果是健康或學習所需，有任何需要幫忙的都儘管說。慢慢來、不必著急，做你喜歡、或者會愈做愈喜歡、做一輩子都會覺得有趣的事。

別擔心，爸爸會在這裡等你、陪你，直到你找到那樣的工作為止。所以千萬別因為還不能賺錢養活自己而寢食難安。

世界上應該很少人像我一樣收到父親寫的這種安慰信吧。多虧爸爸當時寫了這封信給我，我才得以放慢腳步好好準備，順利面試上自己夢寐以求的公司。不論過去還是現在，我都很感謝您一直信任我、等待我。每當我覺得為時已晚想要放棄時，您總是對我耳提面命「任何新開始都沒有所謂為時已晚」，您總是鼓勵我、為我加油打氣，堅持拉住徬徨無助的兒子，永不放棄。要是當年沒有您不厭其煩地把我導回正軌，我想，就不會有如今的我，也不敢想像自己現在會過著什麼樣的人生。

很慶幸能有您這麼好的爸爸，也很自豪有個像朋友一樣的父親，我會像您當年一樣，帶著我的兒子一起創造滿滿回憶、耐心指導他，當一個稱職的父親。

爸，很感謝您是我的父親。愛您。

二〇一四年春天

愛您的兒子，政宇敬上

Chapter

1

書本、排名與人生角色，我們如何讓世界從日常變有趣？

美麗的提問才會創造出美麗的答案！
改變提問，就能改變人生，
成功者更喜歡思考「怎麼做才能達成？」
而不是「哪裡有問題？」

LOADING..

政宇啊，

從今以後，

試著用不同於昨日的思維迎接你的早晨，

用不同於昨日的心態上床就寢，

你會發現，每天都是嶄新的一天。

然後某天，

你也一定會看見，

早已和過去截然不同的自己。

01 大人與孩子，我們如何從兩端走向彼此？

會在死前最後一刻殷切期盼的事情，
現在就去做吧！

——伊莉莎白．庫伯勒．羅斯（Elisabeth Kubler-Ross，生死學大師）

孩子和父母在一起時是最開心的，但是隨著邁入青春期階段，會有愈來愈多的青少年不想再和父母溝通，甚至和父母獨處也會備感壓力，究竟是為什麼呢？

第一，因為比起父母，十世代的青少年更重視朋友。青春期的孩子偏好與同儕之間的水平關係，可以毫無顧忌地分享彼此的內心想法，然而對於經常下指導棋的父母，也就是上對下的垂直關係，則覺得很有壓力，難以溝通。孩子們會認為和同學、朋友之間的相處相對輕鬆自在，和父母的關係自然就愈來愈疏離。

第二，因為雙方觀點不同。家長通常會以「該做什麼」來叮嚀孩子，但是子女的思考模式往往是以「想做什麼」為出發點。舉例來說，父母往往會對孩子說：「你要用功讀書喔！」但孩子的內心想法是：「可是我只想玩。」然後就會和父母產生意見分歧。

就好比很久以前流行的一首歌曲〈大人都不知道〉裡的歌詞：「大人都不知道我們喜歡什麼，也不曉得我們想要什麼。」我們的孩子會覺得爸媽根本不了解他們。父母會根據事情的必要性來要求子女，子女則想要按照自己的欲望行動。因此，十世代青少年會抱怨很難跟父母親溝通，其實是非常合理的現象。

換個角度再來看看

「他們太權威了。」

「只有單向溝通，都不考慮子女的立場。」

「不看我們的優點，只看缺點。」

這些都是十世代青少年經常抱怨的父母問題，有趣的是，父母也會因為同樣的理由對子女感到失望。

過去有段時期，我也非常怨恨我的父親，比起父親的優點，我看到更多他的缺點。但是自從我發現**父母其實和我們一樣不完美**、想要獲得更多來自子女的體諒時，我反而對他們感到有些抱歉。

原本是如此年少無知的我，如今反而成了比誰都還想要得到子女稱讚與體諒的父母，多年後我才終於意識到，當年我的父母應該也和現在的我是一樣的心情。令人惋惜的是，許多人都只會站在自己的立場思考，所以到最後原本關係應該最緊密的家人，反而變得陌生疏離。

只要父母懂得察覺自己的失誤，試著去理解子女們的立場，那麼親子關係多少就會撥雲見日。同樣地，子女也只要稍微改變對父母的看法，就會看見他們的態度不同於以往。轉念是一件不容易的事情，但是只要稍微用不一樣的角度觀看，就能夠創造出更好的局面。

不要將「獲得」視為理所當然

改變自己對父母的看法，最簡單的方式，就是在過去那些被你認為理所當然的事情當中，**找出感謝的事**，包括父母人還健在，過去養育我們、供我們吃穿，生病時還擔心、照顧我們等諸如此類的事情。當你仔細尋找就會發現，其實值得感謝的事情多不勝數，只是過去一直被我們視為理所當然而自動忽略罷了。如果抱持著一顆感恩的心，回想父母為我們所做的一切，相信不僅壓力會變小，人生也會變得快樂許多。班傑明・富蘭克林（Benjamin Franklin）曾說：

「如果想要被愛，就得先去愛人。」先愛人，自然就會得到愛，先心懷感謝，就會有更多值得感謝的事情發生。像這樣付出多少就會得到多少回饋的思維，在心理學領域稱之為「互惠原理」（Reciprocity Principle），最終，我們所做的感謝最大受益人也會是自己。

很久以前，我針對國、高中生進行過一份調查，詢問他們最想聽到父母說什麼話以及不喜歡聽他們說什麼話，結果不分年齡和性別，學生們一致認為最想聽到父母說的話是稱讚他們「做得很棒」，那麼父母最想聽到子女對他們說什麼呢？可想而知，不外乎也是稱讚。

八歲時，每次只要聽到有人稱讚我就會很開心，十八歲時，被人誇獎也會感到無比欣慰，現在已經年過半百了，還是很喜歡聽人家誇獎我。尤其是我的子女，他們的稱讚往往會帶給我莫大力量。

人不管年紀多大，只要被稱讚，就一定會心情好。因為想要受人尊重、被以禮相待，是人類最原始的本能，我想你們一定也是如此。但是不曉得各位是否也時常忘記承認父母的價值，給予他們稱讚與鼓勵。

「爸媽為我們做的事情是理所當然的。」

「爸媽很堅強，所以不需要安慰。」

「對爸媽說謝謝是既尷尬又害羞的事情。」

以上是許多人對父母抱有的錯誤觀念，《馬太福音》第七章第十二小節講到：「無論何事，你們願意人怎樣待你們，你們也要怎樣待人。」奇怪的是，我們只有在對待他人時會按照《聖經》的這段話去做，對待自己的家人卻往往不是這麼一回事。《聖經》裡並沒有特別標示「家人除外」，因此，記得對家人也要按照自己想要被對待的方式向他們表達謝意。

父親與喜鵲

父母的愛遠比孩子們想像中還要偉大，但是我們經常將他們的愛視為理所當然，只要稍微一點不滿意，就很容易口出惡言。下文是已故韓國知名大學教授黃樹寬博士在電視節目中介紹過的一則故事——「父親與喜鵲」，故事大意如下：

> 某天早晨，一名患有阿茲海默症的老父親坐在院子裡，他用手指向院子裡一顆樹木的樹梢，向兒子問道：「站在那根樹枝上的是什麼東西啊？」
>
> 「是喜鵲。」
>
> 「喔，是喔。」不久後，父親又問了同樣的問題：「兒子啊，站在樹枝上的是什麼啊？」
>
> 兒子語帶不耐地回答：「都跟您說是喜鵲了！」
>
> 然後再過不久，父親又向兒子問了一次：「樹上那是什麼啊？」兒子終於忍不住破口

大罵：「嘖！都跟您說過多少次了！到底要我說幾遍您才會聽懂呢！是喜鵲啊，喜鵲！」

父親神情落寞地嘀咕著：「對吼，你有說過是喜鵲。」

不久後，父親的病情惡化，兒子只好把父親送到老人安養機構。當他在整理父親的房間時，他發現父親很久以前寫的一本日記。

今天兒子在院子裡玩耍，看見柿子樹上停著一隻喜鵲，他問我：「爸爸，那是什麼？」

「噢，那個叫做喜鵲。」

「喜鵲！」過一會兒他又問我：「爸爸，那是什麼動物啊？」

「那個叫做喜鵲喔！」才剛學講話的兒子之後又問了我整整二十三遍同樣的問題，我看他一直重複問我同樣的問題，只覺得很可愛也很神奇。那小子，真是個光想就會令人嘴角上揚的開心果。

抱持著或許是最後一次的想法

原本還是小嬰兒的各位，如今已是十世代青少年；原本是十世代青少年的父母，如今則已是四十世代家長；曾經是四十世代的爺爺，現在很可能早已不在人世。人生無常，孩子會瞬間長大，我們現在雖然還年輕，但總有一天也會老去，所有過程都會稍縱即逝。

讓自己時時刻刻心懷感恩、從不愉快情緒中解脫的最有效方法，是莫忘「一切都只是過眼雲煙」的事實。其實我們每個人的生命都在倒數，總有一天會無法再相見。就連如同內嵌式家具一樣總在我們身邊的家人，某天也很可能會突然逝世，大部分的家人都是在無預警的情況下天人永隔的。當你在生父母的氣時，不妨想想今晚過後可能就再也見不到他們了，只要想著此時此刻是和父母相處的最後一段時光，那些平日習以為常的諸多瑣事就會突然變得彌足珍貴。不僅如此，平常很容易使你生氣的小事，也會覺得沒什麼大不了、無所謂了。

你是否也曾為了讀書而對母親沒來由地發過脾氣？不想聽母親叨念而轉身離去，暗自抱怨？認為父母為你所做的付出都是應該，只要稍有一點不滿意就擺臭臉給他們看？

我和大部分的男生一樣，上了國小以後就再也沒有好好抱過母親，甚至連牽手都沒有。然後在事隔三十多年後的某一天，我開始幫母親按摩她的肩膀和雙腿，因為我突然意識到，或許今天是我們母子可以一起相處的最後一天也不一定。我當時幫年近八十歲的老母親（現已逝世）按摩著她的雙手和肩膀，卻只有摸到皮包骨，我難過自責，卻又慶幸自己有把握住和母親相處的那段時光。

許多人認為等之後有空的時候再孝敬父母就好，或者等明天再來改善自己對父母的態度也不遲，把明明在今天就可以貫徹執行的事情，硬生生挪到明天再說。各位不妨想像一下，要是對父母說一句「我愛您」，家庭氣氛會有多大改變，奉勸各位最好趁還來得及的時候說說看吧。要是覺得當面說實在太彆扭，改用簡訊或通訊軟體、電子郵件也無妨，說過以後你就會發現，自己才是最大的受益人，因為心情馬上會豁然開朗許多。

其實只要一個小舉動，就能夠成功讓父母的心情好轉。以下這幾件小事，各位不妨也親身實踐看看：

◆像聆聽朋友說話般認真傾聽父母說話。
◆用「爸爸加油！」這樣的標題，寄一封為父親加油打氣的電子郵件。
◆帶一些好吃的東西回家，然後對媽媽說：「這是特地買給妳吃的。」
◆和父母起口角的時候，先低頭道歉認錯。
◆早上早起，幫爸爸或媽媽做一件貼心的小事。
◆向父母表示需要他們的幫忙，吐露自己的內心煩惱。
◆面帶微笑地說「好，知道了」來回應父母的叨念。

Just do it

1 / 為隨時都可能離開我們的父母，找一件今天就可以做的小事來執行。

2 / 寫一句向父母致謝的話。

3 / 假設今天是你生命中的最後一天，試著傳一封簡訊給父母。

02 世界上你最討厭的一句話，是什麼呢？

成功的祕訣是：別人在睡覺時，你讀書，
別人在遊手好閒時，你未雨綢繆，
別人只是在心裡期盼時，你已經在建築夢想。

——威廉．亞瑟．沃德（William A. Ward，美國作家）

如果要你選出從小聽父母講過很多次、聽到耳朵都長繭的一句話，你會選哪一句？另外，最討厭聽到的一句話又是什麼？我相信，大部分的十世代青少年一定都會選這句：「去讀書！」

一九九八年六月十四日，美國麻薩諸塞州的一所高中，有位九十八歲的老奶奶坐著輪椅，在一群比自己小八十歲的應屆畢業生當中，接受眾人的熱烈掌聲與祝福，接過了畢業證書。這位奶奶在家排行老大，她為了幫忙打點十一名弟弟妹妹，只好在國小三年級時選擇休學。後來她一輩子庸庸碌碌，兩年前突然向老人安養院的工作人員尋求協助，希望可以重回學校就讀。

安養院馬上幫奶奶聯絡了當地一所高中校長，學校方面則招募了一群學生志工團，從旁指導奶奶的功課。爾後的一年半期間，奶奶開始每天花一小時向那些學生志工學習科學、數學、歷史、文學等科目，接受他們一對一的指導，最後以九十八歲的年紀順利從高中畢業。白髮蒼蒼的奶奶接過畢業證書後，因為終於完成畢生心願而笑容滿面。

如果時間重返，你想做什麼？

一九九七年，某日刊雜誌以成人為對象，進行了一項問卷調查，題目是「要是可以回到國、高中時期，你最想做的事情是什麼？」並進行了一則專題報導。令人驚訝的是，學生時期那麼討厭的「讀書」，竟成了最多人勾選的項目，選擇這個答案的人高達六六・九％；十年後，也就是二〇〇七年，以成年男女一千三百零七人為對象所進行的調查結果也顯示，如果可以回到過去，最想做的事情第一名（占五一・六％）依舊是「讀書」。我敢篤定，不管多少年後，答案也會是一樣的。

為什麼當年沒有機會求學的人，都已經年過半百，卻還是對求學這件事鍥而不捨？為什麼學生時期那麼痛恨的「讀書」，到了出社會、長大成人以後，反而成了最想要盡情去做的事？

那是因為隨著年齡漸長，我們都慢慢體會到「痛苦總量均等」的法則，要是學生時期沒有咬牙苦撐、好好讀書，長大以後的日子也會一樣不好過。不幸的是，許多人生洞察都要像這樣事過境遷之後才會有所體悟，要是可以提早領略到這樣的現實，我們的人生說不定就能少一些悔不當初了。

我正在蓋一座世界上最棒的大橋喔！

當初身無分文抵達美國，最後成為富翁的安德魯·伍德（Andrew Wood，勵志演說家）強調：「面對工作的態度會左右人生的成敗」，並分享了以下這則故事。

住在舊金山附近的一名少年，在金門大橋（Golden Gate Bridge）施工現場看見三名正在焊鋼筋的工人，少年走向他們，向第一名工人問到：「你在做什麼呢？」於是那名工人語帶不耐地回答：「你難道沒長眼睛嗎？我在賺錢啊！」

少年再向第二名工人問了同樣的問題，他的口氣雖然聽起來比上一位柔和許多，但依舊一臉不耐地答道：「我們在焊鋼筋啊，沒看見嗎？」

最後第三名工人被少年問到同樣的問題，沒想到他竟放下了手邊的工作，抬起頭對少年露出微笑回答：「我正在蓋一座世界上最棒的大橋喔！」

上述三名工人都有著同樣的職業、在相同的環境工作領著一樣的薪水，然而，三個人面對自己的工作所展現的態度是截然不同的。

各位認為誰是最享受工作、樂在其中，最有可能成功的呢？我想，答案不言自明，應該所有人都會選第三名工人吧。

三個人面對自身工作的態度怎麼會有如此大的差異？那是因為每個人看待自身工作的觀點不同。要是現在的你正在溫習功課，同樣有個人跑來問你在做什麼，你會用什麼表情給他什麼樣的回答呢？

看待讀書的五大錯誤觀念

哈佛大學圖書館裡張貼著一段標語：「讀書不是人生的全部，但要是連這點小事都征服不了，還能成得了什麼大器？」讀書其實是我們需要做、也是該做的事，只不過我們一直都用錯誤的觀念學習，所以才會導致一想到讀書就烏雲罩頂、滿臉愁容，這種痛恨讀書的學生，往往對讀書抱有以下幾種偏見。

◆**讀書是無聊、痛苦的根源**

許多學生會把讀書視為需要擺脫的枷鎖，面對讀書這件事總是感到痛苦難耐，然而事實上，讀書並非痛苦的根源，而是滿足好奇心、提供快樂的泉源。

◆**不讀書也能成功**

許多人以為，只要從事運動或自己做生意就不一定需要讀書，但其實如果想要在該領域嶄露頭角，就得比任何人都還要鑽研於該領域，認真研讀相關知識。

◆**對職場生活毫無用處**

的確，我們在學校所學的三角函數或化學元素在出了社會以後幾乎用不到，但是當你在學習這些知識時，其實是在訓練你的學習態度與解決問題的能力，而這也是你未來不論從事任何工作都能夠受用一輩子的心得與經驗。

◆**讀書不用靠特殊技巧**

許多學生誤以為「讀書沒有什麼王道」，也就是沒有什麼竅門，但其實就好比世上所有事情都有其原理一樣，一定有比較有效的進行方法，讀書同樣也有較高效率的學習技術。

◆**讀書是要咬牙苦撐的事情**

很多學生把讀書想成是一定要咬牙、抱著必死決心進行的事情，然而，既然不論如何都難逃讀書的魔掌，不如乾脆試著擠出一抹微笑進行，或許就會變得有趣一些也不一定。因為一旦先改變了臉部表情，心情就會自動跟著改變，我們稱此為「臉部回饋理論」（Facial Feedback Theory）。

你只在腦海中「改變自己的人生」嗎？

幸福的成功人士，絕對和不幸福的失敗人士有著不一樣的觀點，做事方式也一定大不同。「過不一樣的人生」，意味著用不一樣的計畫管理自我和面對世界，**如果你不滿意現在的人生，就得更改你的人生計畫**。一直按照至今的生活方式過生活，只會不斷得到同樣的結果。世上絕對沒有自己一成不變卻獲得人生改變的道理，因此，若要活出不同於以往的人生，就得開始嘗試新方法。

儘管只是微不足道的小事，只要用不同於他人的態度面對，最後就能締造出偉大不凡的結果。稍微改變一下心態，原本極度厭惡的事情最後很可能會變成滿心期待的事情。若要變成這樣，就得先擺脫至今負面、被動的態度，以及那些偏見，然後再物色解決對策，不斷嘗試實驗，直到找到更好的方法和技巧為止。如此一來，我們原本超級討厭聽到的「去讀書」，就會變成迫不及待的「來讀書吧」。

Just do it

1 / 為什麼大人都異口同聲認為要是可以重返童年，最想做的事情是讀書？

2 / 從現在起，有哪些對讀書的刻板印象是我需要改變的？

3 / 讀書時，我應該面帶什麼樣的表情進行，為什麼？

03 三歲習慣，八十也能改！怎麼做？

習慣是自己養成的，
所以改掉習慣也可以自行完成。

——喬治．溫伯格（George Weinberg，心理學家）

俗話說：「三歲習慣，八十也難改。」習慣，其實就是一種不斷重複的行為。

前來找我接受心理諮商的人當中，有些人會因為不滿意自己的人生而向我抱怨：「我不曉得自己為什麼會變成這樣。」有些人則會認為自己的日子過得不如身邊的朋友，於是委屈地對我說：「那些人真是幸運。」

要是認為自己的人生不盡理想，最該做的事情是**先回頭檢視自己**。每一項結果都必有其因，擁有幸福人生的人一定自有幸福的理由，反之亦然。

這當中的核心是習慣，為了改變習慣，我們該做的首要之事就是察覺並理解為何會有那些習慣存在。

習慣存在的理由

一年級時經常早起去上學的學生，到了二年級一樣會提早到校；和朋友們聊天時會咬指甲的人，上課時間一定會忍不住咬指甲；國文課會抖腳的學生，化學課自然也會抖腳。不論我們的習慣有無生產力，都一定有其存在的理由。

◆為複雜的世界建立捷徑

習慣有好有壞，不論習慣的效果是什麼，它所具有的首要魅力就是：提供活在複雜世界裡的我們一條捷徑。要是每天早晨都要用不一樣的方式進行盥洗，想必一定會難以適應、痛苦不堪，因為我們要操心的事情實在太多，體力和時間卻是有限的。

◆可以獲得正面評價

不論在哪一個文化圈，經常改變心意和行為的人，很容易被貼上「善變」、「舉棋不定」等標籤，如果情況嚴重的話，甚至還會被當成是精神異常者。反之，態度維持一貫的人，比較容易被認為是「有始有終」、「意志堅定」、「明確」的人。

◆爲了捍衛自尊，習慣自我設限

假設有兩名學生，一名平日認真作筆記，另一名從來不做筆記，結果兩個人都搞砸了期末考，哪一個學生會更覺得自尊心受創呢？

答案很顯然是前者，為什麼？因為後者可以用沒有做筆記來當作藉口，合理化自己期末考沒有考好，但是認真做了筆記卻沒有獲得好成績，就會把原因歸咎於頭腦不夠聰明。像這樣，為了捍衛自己的自尊，習慣自行創造藉口的策略在心理學領域叫做「自我設限策略」（self-handicapping strategy）。

習慣難改？試試六個方法

許多人會下定決心運動，但真正持之以恆、貫徹始終的人又有多少。他們口口聲聲說著運動對身體健康有多好，卻從不身體力行，反而是找輕鬆簡便的保健食品食用，因為他們清楚知道，改變往往會伴隨著犧牲。

同樣地，下定決心要早起背英文單字的學生何其多，真正有落實的人卻屈指可數，因為要每天早起，就得犧牲香甜睡眠，承擔痛苦。我們經常因為不想挑戰自我，也不想承受改變所帶來的不便，而放任不好的習慣延續。

壞習慣不會被斬草除根，只會被好習慣取代，試著用以下方法，將「三歲習慣，八十也難改」這句話，改成「三歲習慣，八十也能改」吧。

◆列出自己的習慣清單

試著列出自己與人相處或讀書學習時的習慣，先從對人生有幫助的好習慣「To Do」開始尋找，然後再挑出對人生沒有幫助的壞習慣「Not To Do」。壞習慣可分兩種，一種是因從事時間過長而造成問題的習慣，例如過度沉迷於網路遊戲、聽音樂等；另一種則是因從事時間過短而成為問題的習慣，例如不運動、不預習功課等。

◆尋找可以獲得的利益

世上沒有一種習慣是不具原因而持續的，習慣一定都有維持的理由，且對擁有該習慣的人有益，所以得以延續。為了嘗試改變，最先要做的事情是找出隱藏在重要習慣裡的利益和好處。

◆尋找習慣的副作用

每一種習慣都有副作用，試著分析各種習慣的利益、副作用，以及長、短期效果，然後再選出要改善的習慣（以符合人生目標的方向挑選）。

◆試著每天改掉一項壞習慣

要一口氣把身上的壞習慣統統戒掉是很困難的，一開始不妨先從比較小的壞習慣開始逐一改善，試著一步步脫離安逸舒適的生活圈。試著先改變微不足道的小習慣，像是換手刷牙或更改通勤路線都可以，建立自信心後，才能改掉那些真正嚴重的壞習慣。每個月不妨設定一天當作實驗日，試著用不一樣的方式過生活。

◆想像改變後的自己

不論是讀書習慣還是拖延習慣，試著想像改掉那些壞習慣以後的自己，盡可能想像得具體明確一點。不論任何目標，只要逼真地去想像達成後滿心歡喜的自己，就會充滿想要改變的鬥志了。

◆承擔改變所帶來的痛苦

我們之所以會不斷放任壞習慣，是因為我們不想戰勝自己，不想承擔改變所帶來的痛苦。

試著尋找非改不可的習慣，欣然接受改變所要承受的痛苦。

Just do it

1 / 試著列出需要改善的習慣。

2 / 試著列出需要培養的新習慣。

3 / 為了改掉一些舊習慣，現在可以做哪些事？

04 幸福與成績排名無關？發揮你的潛力才是關鍵

對書呆子好一點，
你未來很可能會為他工作。

——查爾斯．賽克斯（Charles J. Sykes，專欄作家）

以下內文是一名任職於俄亥俄州的某間高中三年級老師，寫給比爾．蓋茲（Bill Gates）的一封信中部分內容。

「許多學生會說：『比爾．蓋茲連高中都沒畢業就創立了微軟，四十幾歲還成為全球首富。』您的成功故事成了孩子們不讀書的藉口，請問我該怎麼回答他們才好？有沒有什麼好的建議？」

比爾．蓋茲的回信主旨如下：

「雖然當年我為了創立微軟而放棄就讀大學，但是後來我有去哈佛大學上過三年課程，據我所知，目前在ＩＴ產業還沒有一位響叮噹的人物是高中沒畢業的，而且任誰都不應該在沒有十足把握認為那是人生難得機會的情況下，輕易中斷學業，那是不明智的選擇。」

比爾．蓋茲的理由是，學校裡有太多事情是光靠自己一個人埋首苦讀也學不到的，舉凡像是和同學一起討論、腦力激盪、交換意見等，這些活動都是單靠一個人無法完成的。而且為了鑽研一個領域，完全放棄其他領域，這樣的決定同樣也很輕率魯莽，日後一定會對自己過分小看學校生活感到後悔萬分。

學校裡的劣等生，社會裡的資優生？

萊特兄弟、卡內基（Dale Carnegie）、福特（Henry Ford）、愛迪生、海明威、法蘭克．辛納屈（Frank Sinatra，音樂巨星）……。

以上這些人物有哪些共同點？

他們都是我們耳熟能詳的人物，有著兩個共同點。第一，他們都是在各自領域達到最高成就的人；第二，但是他們都沒有大學畢業文憑。牛頓、愛因斯坦同樣是受人景仰的偉大人物，但是在校成績一樣不佳。

有句話是這麼說的：「學校裡的資優生，出了社會以後就成了劣等生。」也有「幸福與成績排名無關」這樣的說法。我們儘管在某個領域達到最高成就，也不一定會享受到至高無上的幸福，理由除了幸福是極為主觀的情感外，職場上的成功也很可能和家庭或個人幸福是兩回事。但是從這些人身上，至少看到了學校成績排名不代表一切的事實。

然而，不去上大學或不讀書難道就能保障成功或幸福嗎？才沒這回事。那樣的想法是天大的失誤，而且是從以下錯誤的邏輯推論所得出的謬論。

1. 愛迪生和福特都沒有大學文憑。
2. 他們是世界級發明家和大富豪。
3. 所以不用讀大學也無所謂。

如何？各位認為這樣的推論符合邏輯嗎？這裡漏掉的邏輯陷阱是，比爾・蓋茲、愛迪生、福特等這些沒有大學文憑的人只占極少數，其他創下豐功偉業的人當中，多的是有讀大學的。

要是想突顯「不上大學也可以成功、幸福」的邏輯，就要改成以下這樣的三段論才對。

1. 沒上大學的人也可以幸福。
2. 我選擇不讀大學。
3. 所以我也一定會幸福。

如何找到自己真正喜愛的事物？

要是各位一心只想著「幸福與成績排名無關」這句話，然後疏於學習，那就要捫心自問以下這三道問題：

1. 我是否有異於常人的天賦？
2. 我是否有熱衷研究的事物？
3. 我是否富含創意？

要是以上問題當中有一題是回答「否」，前述提及的那些偉人故事就對各位的未來毫無幫助，因為他們都有著異於常人的天賦，不用任何人催促，也會自行設定目標，埋首鑽研於自己有興趣的領域。不僅如此，他們都用不一樣的眼界在看這個世界，對未來充滿展望，也可以預先洞察未來。

在此，我並非主張學校成績要非常優秀才能享有幸福人生，我只是想強調，不能夠拿「幸福與成績排名無關」或「學校的資優生，出了社會以後就成了劣等生」這種話，來試圖合理化自己的懶惰。

如果想要成功、享受幸福生活，最重要的關鍵還是要找到自己喜歡的事物。你還沒找到真正喜愛的事物嗎？沒關係，只要喜歡上現在正在做的事情即可。**成功的祕訣是做自己喜歡做的事，不然就是喜歡上自己正在做的事**，然後不斷鑽研，秉持實驗家的精神仔細探究。

要是截至目前為止，你都一直把「幸福與成績排名無關」這句話掛在嘴邊，那麼建議你可以換個說法：「成績差可能會不幸。」要是你已經找到異於常人的才華，那就要努力琢磨那項才華，使人看見；要是還沒找到一技之長，就必須更努力開發自己的潛力，為此，對於現在的學業更要全力以赴才是。

Just do it

1 / 寫下平日對讀書的印象。

2 / 我有哪些異於常人的才華？

3 / 試著找出不得不認真讀書的理由。

05 裝假成真！來場「正面表述」實驗

不珍惜自己，
就成不了任何事，也不會珍惜任何人。

——史賓賽．強森（Spencer Johnson，暢銷作家）

各位通常給予自己正面評價還是負面評價呢？負面嗎？沒關係，不是只有你會這樣，所以別太擔心，多數人都習慣用負面的角度來評價自己。

來，我們做個實驗吧。

你可以問問朋友：「你有什麼優點？」我相信大部分人都會語帶含糊地用「這個嘛……」來回應你。但是如果你問他們：「你有什麼缺點？」大家一定會有源源不絕的缺點可以回答你，諸如：「我很矮」、「我長得不好看」、「我功課很差」等。

比起美好回憶，人類的大腦更擅長記憶不好的回憶；然後比起自己擅長什麼，我們的大腦更知道自己不擅長什麼；比起自己喜歡什麼，更曉得自己不喜歡什麼。像這樣事物的負面比正面更引人注意的現象，在心理學稱「負面效應」（Negativity Effect）。

改變提問方式，答案就不同

許多人習慣用負面的方式自問，例如「我怎麼這麼醜？」「為什麼我不像其他人一樣優秀？」等，我相信每個人或多或少都曾這樣問過自己，但我要講的並不是這樣的問題不好，而是**負面提問也會促使我們尋找負面答案，並且使我們的情緒和行爲也趨於負面，這才是眞正的問題所在**。各位要是問自己：「我怎麼這麼差勁？」我想，以你聰明的大腦，一定能找出數以萬計的負面答案，然後負面的答案也會帶來負面情感。

為了確認事實真偽，我們不妨進行一場實驗。各位開始問自己：「我為什麼這麼討厭數學？」那麼大腦一定會找出：「因為我對數學沒有天分」、「我不適合念數學」等答案，然後對數學浮現更多不愉快的經驗，最終你一定會想要直接放棄數學。或者，你可以這樣自問：「為什麼我這麼不受歡迎？」我們的大腦找到的答案肯定是：「因為我好矮」、「因為我好醜」等，然後開始陷入絕望、挫折、放棄、自怨自艾的情緒當中，不知不覺也會羞於面對他人，最後就真的會變成人緣不佳、不受歡迎的人。

不論任何事，只要勤於練習就一定會熟能生巧，同樣的道理，搞砸心情的念頭也是，只要一直想、不停想，就會成為這方面的「專家」。不斷問自己負面問題，然後不停以負面眼光看待自己，久而久之，就會變成抱怨、絕望、放棄的高手。要是你不想把自己搞成這樣，就先從改變對自己的提問開始。

我們不妨這樣問：「我擅長什麼？」「如果想要把數學搞好，我該怎麼做？」「如果想要跟別人維持良好關係，我該怎麼做？」相信我，以你聰明的腦袋，絕對會為你找出相呼應的正面解答。

成功者與失敗者的提問方式大不同，他們更喜歡思考「什麼方法可行？」「怎麼做才能達成？」，而非「哪裡有問題？」切勿忘記，美麗的提問才會創造出美麗的答案。

世界上獨一無二的存在

各位都是極具價值的存在，即使犯下再多失誤、至今沒有什麼了不起的成就，也絕對不要苛責自己。其他人可以說我們一無是處，但是我們千萬不可以認為自己沒有價值。因為最能夠愛惜、給予自己鼓勵與安慰的人正是自己，最能使自己成長的人也是自己，各位是這世界上獨一無二的存在。

英國精神分析學者赫德菲（J. A. Hadfield）在其著作《心理學的力量》（*The Psychology of Power*）中提到，他用握力測量器來測試正向暗示到底能起多大作用。

實驗條件分成三種，第一種是不給受試者任何暗示，在一般狀態下測試握力，結果測出平均一〇一磅（近四十六公斤）；第二種是對受試者進行催眠，不斷給予負面暗示「你沒力氣」，結果測出只有二十九磅（約十三公斤）；第三種是給與受試者正面暗示「你力大無窮」，結果平均握力竟高達一百四十二磅（約六十四公斤）。光是催眠自己「力大無窮」，就足以提升將近五〇％的握力。

所有的愛都是從「自己」出發，自己內心裡的愛要先多到滿溢，才能夠流向別人。各位只要對自己微微改觀，肯定自我的心態就會瞬間提升好幾倍。以下提供幾種提升自我肯定的方法，大家不妨實踐看看，相信看待自己的心態一定會出現改變。

◆把對自己的負面表述改成正面表述

試著把負面表述「我不行」、「我為什麼會是這副德行」，變成正面表述「我可以」、「我很好啊」，並找出使自己心情低落的「自我批評話語」，然後將它們轉換成正面話語。

◆刻意假裝自己很厲害

假如你功課不好，就故意模仿功課好的學生；缺乏社交能力，就假裝自己社交能力很好……久而久之，你自然就會用功讀書，過著充滿自信的生活，這在心理學中叫做「As If 裝假成真原理」。

◆每天早上給自己一個微笑

最能讓自己幸福的人正是自己，早上一早醒來，不防先照照鏡子，然後對著鏡中的自己擠出一抹微笑，可以的話打個招呼「嗨！○○○，不錯喔！」千萬不要忘記，自己要先喜歡自己，其他人才會喜歡我們的事實。

◆睡前回想一天做對、做好的三件事

不必局限於那件事情要多麼有價值或多麼傑出，只要是自認做得比平常好的事情即可，找出三件吧！例如「比約定時間提早五分鐘到」，或者「給父母一個溫暖的問候」等日常小事就可以了。

Just do it

1 / 找出曾經問過自己的負面提問，試著轉換成正面提問。

例：為什麼我功課這麼差？→我擅長什麼？

2 / 把貶低自己的言語轉換成為自己加分的言語。

例：我好胖→我只是比較圓潤

3 / 寫下一天當中自認做對、做好的三件事。

06 你如何用「今天」讓「明天」變得不一樣？

兩名男子從同一個鐵窗向外看，
一個看見一片泥濘地，一個看見滿天繁星。

——佛雷迪克．朗布里奇（英國詩人）

「啊，好不想起床，又要度過無聊漫長的一天了。」用這種心情迎接早晨的人，自然不可能擁有美好的一天。要用積極正面的心態迎接嶄新的一天，還是用負面心態渾渾噩噩地撐過一天，其實完全取決於我們。

樂觀的人一早起床總是輕鬆愉悅的，神情也顯得開朗許多，因為他們會期待接下來一整天會有什麼事情發生；反之，悲觀的人起床時會全身僵硬痠痛，表情也明顯暗沉許多，感覺像是被逼著起床似的，因為他們會預設接下來一整天一定充滿討厭或不想做的事情。

早上一睜開眼，你的表情是什麼？

試著在早上一睜開眼睛就想像：「又要度過漫長無聊的一天。」我敢保證，你一定會連起床都不想。拖著好不容易起床的疲憊身軀，你走進廁所、準備盥洗，你看見鏡中的自己，一臉不耐；通勤路上人滿為患，真的好討厭；匆匆忙忙抵達學校以後，早會時間要聽老師的訓話同樣令人厭煩；有些科目無聊得要死，有些科目難得要命，有些科目好無趣，有些科目則是老師不討喜……總之，你對任何事都不滿意，也總有抱怨不完的理由。

等你放學回到家以後，一定是帶著「我好累」的表情，彷彿為父母做了極大的犧牲一樣，將書包扔在地上。晚上就寢時，同樣會暗自心想：「呼……好累，真是個累人又煩人的一天，明天一定也是，有完沒完。」就這樣結束了嗎？不，這種人應該連在睡夢中都會不停抱怨。

我們周遭總是充斥著難以解釋的事情，所以光是可以迎接全新的一天、在新的日子裡生息這件事，就足以讓我們心懷感念。我們從新聞中可以得知，這世界多的是令人暖心的故事，比方說那些不顧自身安危跳下軌道救起其他人的大學生，把畢生辛苦存下的積蓄捐給某間大學的老奶奶等。

然而，對於愛抱怨的人來說，這樣的美談佳話根本入不了他們的眼裡，因為人心本來就存有一種本能：自動忽視不符合自己期待的資訊。為了把每天都變得美好，最先要做的事情就是完美結束今天、開朗迎接明天，這不會花你太多時間，五分鐘內便可搞定。

早上起床時，不妨試著感謝自己還有今天，並期待接下來會有好事發生。然後開始計畫一天的行程，擬定一件可以為某人做的事情，儘管只是雞毛蒜皮的小事也無所謂，為同學準備一則笑話也好、用開朗愉悅的神情對父母道聲早安也罷。勇敢克服睡眠的誘惑，早起用微笑擁抱全新的一天吧，那麼，接下來一定會發生更多好事。

改變一天的「開始」和「結束」

當你準備上床睡覺時，試著回想一天都做了哪些值得嘉許稱讚的事，以及周遭發生了哪些美好事件，或者聽聞哪些令人動容的故事等，想著今天又是美好的一天，並反省今日有什麼值得改進的地方。

打個比方，假設你是做生意的人，為了使生意變得更好、收入更多，結束一天的營業以後，就得先計算當天的收入，然後感謝當天前來消費的顧客，以及一起工作的夥伴，用滿懷感恩的心結束一天。不僅如此，也要檢討當天發生過的失誤、思慮不周的地方，並加以改進。

讀書學習也是一樣，結束一天的課程以後，要結算一下自己是如何度過一整天的。同時，也要感謝一下幫助過我們的人。如果想要讓自己變得幸福，最重要的就是時時刻刻對周遭的人事物心懷感念。

任職於美國加利福尼亞大學戴維斯分校（UCD）的教授——羅伯．艾曼斯（Robert Emmons），曾針對每天寫下五件感恩事項的人和沒有這麼做的人進行了一番比較，結果不出他所料，前者比後者的健康狀態明顯更為良好，心理壓力也較小。

用正面積極的心開啟一天、用充滿感恩的心結束一天，這種人要不幸福都很困難；反之，用「抱怨」開啟一天、用「厭煩」結束一天的人，要幸福也很困難。試著用不同於昨日的思維迎接早晨，用不同於昨日的心態上床就寢，相信每天都會有全新感受。

某天你會發現，自己已經蛻變成和過去截然不同的人，光是改變一天的開始與結束，你的人生就會從此變得不一樣。

Just do it

1 / 過去的你，是抱持著什麼樣的想法起床、入睡？

2 / 今晚你會帶著什麼想法上床就寢？

3 / 明天起，你會用什麼樣的心態迎接早晨？

07 低潮是為了生存，該如何克服？

走著走著，路上遇見一顆小石子，
弱者將其視為絆腳石，強者則視它為奠基石。

——湯瑪斯・卡萊爾（Thomas Carlyle，作家）

讀書讀久了，有時會出現這種情形：「不論怎麼讀都無法提升效率」、「對讀書這件事開始產生懷疑」、「想要放棄」、「莫名地感到厭煩」、「難以專注、身心俱疲」。

上述這些症狀都是當我們陷入低潮時會出現的。所謂低潮，是指運動選手到了練習後期，原本運動效能一直都是持續向上的，但是到了某個臨界點以後，比賽實力突然不如以往，開始出現退步的情形。尤其是職業選手一定會經歷這種低潮，有些好手甚至還會因為嚴重的低潮期而提前結束選手生涯。

學生同樣會陷入這種低潮期，有些學生擁有優秀的才華，卻因身陷低潮而把學業搞得一塌糊塗。低潮，是任誰都會面臨到的問題，因此，如何聰明克服低潮期，準備好對策才是關鍵。

三不五時找上門的「低潮期」

沒有人會張手歡迎低潮期的到來，但是姑且不論喜歡與否，我們都不得不面對它的到訪，也要慎重地招待它，並好好將它送走。

人類之所以會迎來低潮期的原因有以下幾點：

◆低潮就像疲勞，有助於人類生存

世上沒有一個生命體可以一天二十四小時都維持在神經緊繃的狀態下，不停運作，人類為了生存，需要「緊張」和「緩和」來協調生理節奏，就如同疲勞感是用來防止身體能量過度浪費一樣，低潮同樣是基於我們生存所需而產生。

◆問題出在學習方法或習慣

有些人一旦陷入低潮期，情況就會變得很嚴重，持續時間也較長；有些人則是狀況較輕微，一段時間過後就會自動痊癒。通常學習方法或讀書習慣不怎麼有效時，都會身陷較嚴重的低潮期。

◆**因爲目標模糊、動機太不明確**

大多數的學生都會視讀書為單調、無趣的事，尤其對讀書沒有明確動機、目標又不夠明確的時候，更容易感到厭煩、意志力下滑，一定要有明確的動機，才會有學習的動力。

◆**因爲心理上的矛盾與不安**

要是和父母、老師、同儕之間出現矛盾或衝突，或者父母對小孩賦予過度的期待，操心孩子們的成績、異性關係等問題，都會對孩子的心理造成影響，那麼就算多麼努力，成績也不可能有效提升。

這樣做，讓你走過低潮、過得更好

如果想要學會滑雪，就一定要狠狠摔過，並且學習如何重新站起；同樣的道理，不論做任何事，若想要成功，就必須先從克服低潮期的方法開始學習。試著尋找各種可以幫助你順利度過低潮期的方法，就算技術再怎麼高超的木匠，光靠木板也很難蓋出華麗的房子，工具愈多，自然愈好。

◆**試著規畫自己的人生藍圖**

尋找想要達成的人生目標或夢想，設定好預計要在幾歲的時候達成。另外，為了實現那項最終目標，過程中會經過哪些中繼站（也就是一些小目標），分別要在幾歲時完成階段性任務，也都要設定清楚。現在不妨就準備一張A4紙，描繪自己的人生藍圖，每當覺得自己陷入低潮時，就翻開自己的人生藍圖來自我勉勵。

◆欣然接受低潮期的到來

聰明的人不會怨天尤人，他們反而是想辦法如何應對，低潮也是同樣的道理，我們不要將它視為是不應該存在的情感，學會欣然地接受它，把它當作是為了考驗我們的耐力與應對能力而存在，然後試著思考有什麼應對方法。

◆不要貪心，維持學習

假如我們已經身陷低潮期，記得還是要繼續維持基本的功課預習和複習，最重要的是，不要過度貪心，就如同運動選手處於低潮期的時候，往往會想要透過加強訓練來想辦法讓自己擺脫低潮，但這樣的做法只會適得其反，讀書學習也是。過度貪心只會使低潮期拖得更久，切記，讀書是重質不重量。

◆回想過去克服低潮期的方法

回想過去遭遇挫折、失敗時，是用什麼方法讓自己重新站起。當你重新回首過往時，會慢慢接受其實低潮只是人生當中的過客這項事實，焦慮不安感也會大幅降低。因為過去自己使用過的方法，很可能會是解決如今問題的最有效對策。

◆向周遭人士尋求協助

要是遲遲無法擺脫低潮，不妨向身邊的朋友、父母、老師坦承，尋求他們的協助，他們一定會告訴各位一些不一樣的解決對策。有時儘管得不到實質上的幫助，但光是向某人吐露心聲本身，就足以使各位重新整理思緒，也可以找回情緒上的安定。

◆設定一段時間，讓自己好好放鬆休息

有時候，不妨放下手邊所有事情，花個幾小時專注投入和讀書毫無相關的領域，盡情享受讀書以外的事情。當你不再執著於讀書，從心理上與讀書保持一段距離時，反而會對讀書產生新的決心。這時最重要的是，事前讓父母或長輩知道你為什麼要這麼做，否則很容易被誤以為你是打算放棄課業或者在打混摸魚，而產生不必要的衝突。

◆幫助別人就能爲你帶來自信

親切待人、提供他人幫助，是有效擺脫低潮的方法之一。心理治療專家們為了治療憂鬱症患者，往往會建議他們做一些善事，因為幫助他人會使自己提升自信，不論是進廚房幫母親準備料理，還是幫忙照顧弟弟妹妹、顧著他們寫功課都好，相信你的心情絕對會變得不一樣。

◆準備一本「決心筆記本」

安撫自我懷疑心態的有效方法當中，有一項是用文字記錄自己的希望、目標與決心。文字不僅能解開複雜的心情，還可以使決心變得更為堅定。試著準備一本「決心筆記本」，用寫日記的方式把想到的決心統統寫下；或者，也可以在一張便條紙上寫下「我的夢想是○○○」，貼在書桌前的牆壁上隨時提醒自己；另外，也可以寫一封給自己的勉勵信。因為寫下文字可以幫助自己隨時閱讀思考，也更容易穩定自我懷疑的不安感。

◆想像未來達成夢想的自己

讀書讀到厭倦時，不妨想像自己達成目標時的模樣，不論是以榜首入學接受媒體採訪的畫面，還是與重要的對象分享這份喜悅，都盡可能生動逼真地想像實現後的畫面。要是有心目中理想的大學，也可以去該所校園實地走一圈，然後想像自己已經是那間學校的學生，相信回到家以後學習力自然會提升。

◆想像最糟的情況

能使人類行為產生動機的最大要因是——恐懼。當你對讀書感到厭煩時，不妨想像自己落榜後的樣子，現在的好朋友幾年後都找到了屬於自己的路，和你過著南轅北轍的人生，你和他們再也不是同一個世界的人，而現在的你還在徬徨……。只要想像這些畫面，你一定會知道自己該怎麼做。

◆找尋克服危機的實際案例

當自己身陷困境時，能夠重拾勇氣的重要方法之一，是向那些比自己還要困苦、最後卻戰勝苦難的人學習。當你讀不下書的時候，與其勉強自己咬牙苦撐，不如停下腳步，看看那些身處逆境仍不屈不撓、最終邁向成功的人們的故事，不論是書籍還是電影都好，你也會從他們的身上獲得勇氣與力量。

果樹隔年結果的原因

大家不知是否曾聽說過，果樹會隔年結果的事？也就是一年結果，一年不結果，每年輪流結果的情形。明明年年豐收是最理想的，為什麼果樹要這樣隔年結果呢？

因為要是年年結果，果樹的生長期就會縮短，為了讓隔年可以果實累累，乾脆讓果樹休息一年，放棄結果，好好補充足夠的營養。人類的低潮期，其實就像是果樹隔年結果一樣，不如把它當作一種警示，提醒你該放慢腳步，安排一段自我充電的時間。正所謂「蹲愈低，跳愈高」也是同樣的意思。

一個人能否成得了大器，不是看他平步青雲時，而是看他跌入谷底時如何翻身。印度教領袖斯瓦米．維韋卡南達（Swami Vivekananda）曾說：「要是你的一天沒有遭遇任何問題，那麼，表示你走在錯誤的路上。」**低潮是唯有認眞努力過的人才會經歷的情形**，從未遇過低潮期，也就意味著從未認真努力過的意思。面對低潮期，不妨想想其存在的理由，沉著淡定地面對。

Just do it

1 / 閱讀完關於「低潮期」的內容以後有什麼感想？領悟到哪些新事物？

2 / 過去是在什麼時候遇過低潮期？當時是如何面對的？

3 / 從今以後，為了克服低潮期，我可以嘗試做哪些事？

Chapter

2

改變人生的「目標設定術」——WISE核心、SMART原則

成功的人都是因為類似的理由成功，
失敗的人也往往因為相似的原因失敗。
每天早晨起床問問自己：「今天我能做什麼事？」

政宇啊，

邁向成功的第一步，

是明確決定我們到底要什麼。

一旦確立目標之後，一切就會變得不一樣，

你見的人會和以往不同，

經常到訪的場所會不同，

瀏覽的網站也會不同。

五年、十年後，你會和漫無目的的人不一樣，

以你想要的人生姿態過生活。

01 長大後的你，正在做什麼呢？

沒有目標的人，將被判終身刑——要為有目標的人效勞終生。

——齊格．齊格勒（Zig Ziglar，勵志演說家）

「你長大以後想要做什麼？」

這是大人最愛問小孩的問題，但也是小孩最難回答的問題。不過，究竟為什麼大人這麼喜歡問小孩這個問題呢？那是因為隨著我們長大成人，會漸漸領悟到人生其實就是一趟旅行，啟程前先設定好一個目的地再起身出發，會大幅降低失敗的機率。若要旅行，至少得先設定一個目的地；**若想要得到某樣東西，就得先設定好要什麼**。

至今，幫各位設定目的地、帶領你們抵達該處的司機想必是各位的父母，未來應該也會由他們擔任嚮導一段時間，然而，沒有任何一名嚮導會帶各位遊走一輩子。因此，往後要坐在駕駛座親自駕駛人生這輛車的人，不再是他人，而是你們自己。

為什麼我們總是對「目標」敬而遠之？

「目標？我當然知道目標的重要性，但我還是不想去思考這件事。」

有些讀者一定會這樣發牢騷吧。那麼，我想試問：「為什麼不喜歡思考目標呢？」各位可能會這樣回答，「沒有為什麼。」

果真如此嗎？要是各位還沒有設定好明確的目標，或許是因為以下幾種理由所致。

◆因爲還不夠痛苦

也就是目前的狀態還不錯，不到走投無路的地步。人類是非常鐵齒的動物，往往不見棺材不掉淚，一定要夠痛苦，才會想要去試著改變。

◆不曉得目標的重要性

沒有明確目標的人當中，有許多人是根本不曉得為何設定目標如此重要。正因為不知道重要性，所以不曾想過目標，也因此難以設定出具體的目標。

◆害怕無法達成

誠如韓國的一句諺語：「爬不上去的樹，連正眼都別瞧一眼。」當我們認為不可能達成時，最常使用的策略就是「乾脆不要設定目標」。因為他們消極地認為，挫折感的根源來自目標，要是沒有目標，就不會有痛苦，所以才會故意不去設立目標。

◆因爲不想要投入時間和努力

不論你的目標是每天早起運動、增強體力，還是戒掉電動、認真讀書，想要達成目標，都必須戰勝自己的欲望，投入相對的時間與毅力。而我們之所以不設定目標，也是因為不想要延後自己的欲望，花時間和努力實現目標的緣故。

◆被眼前的誘惑綁架

學習、運動、存錢等，我們設定的目標往往都要經過一段時間以後才會獲得補償，但當下是需要忍受痛苦的。因此，許多人才會禁不住一時片刻的誘惑，儘管知道長期來看是對自己不利的事情，也無法下定決心設定目標改變。

目標不可或缺的原因

成功的人都是因為類似的理由成功，失敗的人也往往因為相似的原因失敗。拿破崙・希爾（Napoleon Hill，暢銷作家）針對各行各業的成功人士進行了一項調查，他發現這些人都有著非常明確且堅定的目標，也都有使命必達的精神。他們對目標的執著，比學歷、智商、天賦等其他條件還要重視。

而基於以下幾點理由，不可否認目標對我們來說的確有幫助。

◆使人不再徬徨

要是先設定好目的地、預計抵達時間、路徑，然後再開始駕駛車輛，就比較不容易迷失方向。同樣的道理，朝著心目中想做的事、想成為的目標不斷邁進的人，會更能夠擺脫誘惑，浪費時間的事情也會比較少。

◆使人找尋有效方法

擁有明確目標以後，自然就會找到達成目標的方法。尼采曾說：「一個人知道自己為什麼而活，就可以忍受任何一種生活。」當你有著非讀書不可的迫切原因和明確目標時，就會自動找出實現的方法。

◆使人不容易放棄

根據神經暨精神病學教授維克多・法蘭可（Viktor Frankl）的親身經歷發現，被強行收押進納粹集中營裡的猶太人當中，最後能夠倖存下來的，並不是身體最健康、營養好、聰明的人，而是擁有具體目標以及非活下去不可理由的人。每個倖存者們都有屬於自己的目標，所以才能夠在那麼險惡的環境中，不輕易放棄生命。

◆減少無聊感，增加成就感

漫無目的進行的事情，因為沒有辦法確認有無達成目標，所以會感受不到成就感。然而，儘管只是一件微不足道的小事，比如說整理房間，只要設定好何時完成、完成到什麼程度，就會更容易、更有趣地進行。

如果現在的你，整日沉溺於智慧型手機或打電動，渾渾噩噩地度過每一天，儘管看似快樂，其實只是在幫電信公司或遊戲開發商達成他們的目標罷了。從現在起，該好好做選擇了，是否願意為達成自我目標投資時間？還是要浪費你那寶貴的人生，為他人達成他們的目標？

沒有目標的人，永遠只會成為那些擁有明確目標者的獵物；把持不住誘惑的人，只能終身為擁有明確目標者效勞。

雖然目標是由人設定，不過一旦擬定好目標，目標就會自動帶領你。班傑明．富蘭克林曾分享過自己的成功祕訣，當時他是這麼說的：「我每天早晨起床都會問自己：『今天我能做什麼事？』並以這個問題作為一天的開始與結尾。」

各位，今天是抱持著什麼想法起床呢？今晚又要用什麼樣的問題作為結尾？

Just do it

1 / **我以後要做什麼？人生目標是什麼？**

2 / **要是人生目標還很模糊，原因是什麼？**

3 / **寫下今天一定能實現的一項目標。**

02 藉口千百個，實現目標的理由只要一個！

你想要成為什麼樣的人？不妨先告訴自己，然後去做該做的事。

——愛比克泰德（哲學家）

「比起努力用功讀書，懂得享受讀書樂趣的人成績更佳；然而，真正成績最好的人，是『迫切需要讀書』的人。當時我有著不得不好好讀書的迫切理由，所以我才能有今日成就。但其實我最討厭做的事情就是讀書。」這段話是一名讀書之神（比喻非常善於讀書者），在電視節目中分享的真實心聲。

功課不好的學生，總是會找各式各樣的藉口掛在嘴邊，然而功課好的學生，只會尋找不得不讀書的迫切理由，使自己非讀不可。理由不一定要多麼高尚，不論是將來想要創立慈善機構，還是想要在心儀的對象心目中留下好印象，只要有足夠的迫切性即可。

一名擁有高人氣的專業魔術師，曾經談論過自己開始學魔術的動機，「當初我只是單純想要提升異性緣，在尋找該培養什麼興趣，最後找到了魔術。」另外還有一名政治家，在就讀大學期間同時考上司法考試、外交官考試、行政考試，他提到自己為何要那麼認真讀書時說道：「我長得其貌不揚，這是我最大的缺點，每次參加聯誼，都會因為身高差人一截、頭大、臉又長得不帥而屢屢遭異性拒絕，所以一開始我為了不要被女生看不起，而選擇用功讀書。實際上，當我成功重榜考上那三個考試後，結果比我當初預期的還要夢幻。」

梨花女子大學崔在天教授也說道：「自從某天我找到讀書的理由後，每當有同學要找我一起出去玩，就會令我感到憤怒甚至難過，過去的我，也是只要聽聞讀書就會退避三舍的人。」西班牙畫家畢卡索不也是為了女子而開始投入藝術的嗎？不論讀書、運動還是減肥，我們都必須**找到非做不可、不能夠放棄的理由才行**。

物理學家威利斯．惠特尼（Willis R. Whitney）曾說：「每個人都會為自己想做卻做不到的事情，尋找成千上萬個理由，然而，他們真正需要的其實是非做那件事不可的一個理由。」當你找到那一個不得不做的理由時，過去使自己猶豫不決的各種藉口就會頓時煙消雲散。

然而，不論是基於多麼迫切的理由而開始的事情，意志再堅定的人，也一定會面臨想要放棄的時候。實現目標、功成名就的人，會有一套屬於自己的方法，讓自己在面臨想要放棄之際，仍舊朝目標繼續邁進、永不放棄。

WISE——成功者的共同點

聰明（Wise）達成目標的人，都有著四種核心特質：意志力（Willpower）、實踐力（Initiative）、毅力（Stamina）、熱情（Enthusiasm）。各位不妨透過以下說明來確認自己已經擁有哪些核心特質，以及有哪些是需要補強的。

◆W：意志力

一定會達成的堅定意志，一旦設定目標，就要具備使命必達的意志力與信念，才能夠達成目標。

◆I：實踐力

立刻起身行動，別去等待想做的時候、有空的時候、有餘力的時候，要是你的目標非常重要，就別再蹉跎寶貴時間，儘管只是微不足道的小事，只要是為目標所做，就立即實踐吧。

◆S：毅力

指有始有終的毅力，比起設定短期內要達成目標，不如拿出持之以恆的毅力，逐一完成階段性目標。成功的力量來自不達目標絕不放棄的毅力。

◆E：熱情

指正面的心態與熱情。不論是多麼崇高的目標，只要不是發自真心喜歡那件事，遇到困難時就會很容易想要放棄。如果想要達成目標，最重要的前提是要真心喜歡那件事。

把目標化成文字，貼在醒目的地方

為了讓自己不輕易放棄目標，一定要將其寫成文字，尤其貼在醒目的地方會更有效。因為，光憑腦袋想著「目標已經在我的腦海裡」是不夠的，要是不把它寫成文字，隨著時間流逝，某天你會發現那個目標早已不再像當初一樣清晰。

假如你的目標是要考上某所大學的某個科系，那麼不妨寫下「我是○○大學○○科系的學生○○○」字樣，貼在你的書桌前一眼就能看見的地方。因為那是明確的證據，證明你會朝目標具體、持之以恆地行動，儘管遇上厭煩或痛苦的時候，也會使你永不放棄。貼在手帳、筆記本、書桌前或廁所鏡子上等其他顯眼的地方也可以。一開始看到可能會覺得有些彆扭，但這份彆扭也會化作一股動力，使我們朝目標更努力邁進。

光是寫下目標還不夠，要不定時地經常檢視那個目標才行。小時候的我，每次都會為了不要忘記攜帶學校準備用品而把清單寫在手掌上，每當我看到自己的手時，就一定會順便看見那些準備物品清單，根本不可能忘記。

而你們平時都是用什麼方法讓自己不要忘記目標的呢？

利用意象訓練法

另一種持續將目標銘記在心的方法，是尋找相關資料做成剪貼簿。

比如說，假如你的目標是順利進入某間大學，那麼就先從網路上蒐集該所大學的照片，尤其是躺在校園草地上談笑風生、或是在圖書館裡埋首苦讀的大學生照片，都很適合列印出來，貼在書桌前一眼可見的地方。然後，試著想像那些照片裡的人物就是自己，或者特地空出時間實地走訪該所大學，逛逛校園、參觀一下上課教室，拍照留念。記得，不妨問問校園裡的學生他們的入學祕訣。

要是沒有時間或因距離太遠而無法實際走一遭，也可利用照片編輯軟體將自己放入該所校園背景當中，要是你的目標是以榜首之姿入學，那麼，不妨蒐集每年刊登在報紙上的榜首照片和新聞，不時拿出來閱讀。

然後在心裡想像，為了達成目標需要經過哪些過程，動員生動的影象，將實現目標的過程視覺化呈現，我們的大腦就會變得能夠欣然接受需要認真讀書的事實，而且這麼做也更容易使自己的內心安定。

像這樣運用大腦的原理，將目標達成後的樣貌以及實現目標的過程視覺化呈現，促使自己更能夠達成目標的方法，正是「意象訓練法」（Image Training）。

找出成功者，向他問路

世界首富比爾．蓋茲談成功祕訣時是這麼說的：「把別人的好習慣變成自己的。」如果想要攻頂，只要向已經登上山頂的人問路即可。你的目標是什麼？已經達成該目標的人有誰？要是已經找到想要效仿的對象，不妨確認一下他們的成功祕訣是什麼。在某個領域已經攀上高峰的人，往往除了才華以外，還有他們特有的思考方式、行為模式。他們會用不同的觀點看事物，也會用不同的方式運用時間。

學習成功祕訣的最好方法之一，是親自去見那些成功人士，聽取他們的成功祕訣。一般來說，人們會擔心要和那些成功人士見面，因為害怕對方根本無暇理會只是個無名小卒的自己，然而，許多例子都再再顯示事實正好相反，那些別有一番成就的人，反而喜歡別人問他成功的祕訣到底是什麼。

因此不必太杞人憂天，放膽去找已經在你設定目標領域裡功成名就的人吧，要是對方遠在天邊，可以透過電子郵件的方式寫一封正式信函給對方，提出心中的疑問。此外，還有一點要特別注意：要提供對方願意慷慨解囊的理由。西方有一句俗語：「若要成為富翁，就請富翁吃午餐。」是不是頗有道理呢？

達標時，給自己一個獎勵

世上所有動物都追求快感與獎勵，面對不愉快的經驗則選擇迴避。因此，訓練動物時，往往也會用食物作為「獎勵」。這樣的原理也可以套用在人類身上，為了教小朋友們見人要打招呼，大人最常使用的方法就是當他們打招呼時，給予微笑以及摸頭等適時的稱讚作為回應。

我們所做的大部分行為，都是因獎勵而習得。然而，來自他人的外在獎勵依舊有限，若要能控制自己，勢必得先訓練如何獎勵自己。

假如計畫好的事情順利達成，週末不妨看一場平時想看的電影，或者和好友相聚也是獎勵自我的一種方法，然後記得照著鏡子對自己說：「〇〇〇，你做得很棒，超強的！」在這地球上，也只有人類能給自己獎懲。

失敗時，給自己一點懲罰

我們為什麼會勉強自己去寫討厭的作業？又是為了什麼努力讓自己上學不要遲到？紅燈亮起時，為什麼駕駛人都會乖乖停車？理由很簡單，因為要是不這麼做，會發生更令人痛苦的事情，換句話說，就是會受到懲罰的意思。

為了改善不良習慣或行為，人們最常用的方法便是懲罰，當然，大部分的懲罰都是來自他人。然而，成功人士會自行設定目標，同時設立規則，當自己違反規則時，會自行給予處分，以利於管理自我，這點是和一般大眾最不一樣的地方。一般人儘管發現自己正與目標背道而馳，也不太會去處罰自己。

想要活出別具意義的人生嗎？

那麼你得先制定獎懲機制，當自己做出有違目標的行為時，給自己一點懲罰才行。假如你設定的目標是「減少使用手機時間，多用功讀書」，但是最後沒有做到，那就要懲罰自己「一天當中有一餐不能吃，還要家裡大掃除」，或者是「連續一週早起一小時，並停止使用智慧型手機」來嚴格控管自己。

你每天花幾小時思考「夢想」？

如果真想要達成目標，就不能遺忘目標，要隨身帶著目標清單經常檢視自己才行。把每天一定要做的重要事項寫在筆記本上隨身攜帶，或者用智慧型手機時時刻刻確認自己是否有達成那些每日目標，未嘗不是一種方法。

匈牙利足球英雄普斯卡斯．費蘭奇（Ferenc Puskas）面對記者的提問：「你成功的祕訣是什麼呢？」

他這樣回答：「只要一有空我就會練球。」

「那不能踢球的時候呢？」

「我會和人談論足球的話題。」

「不能談話時怎麼辦？」

「我思考關於足球的事情。」

從桌球到高爾夫球，只要是所有球類運動，第一項行為要領便是「緊盯場上的球」。如果想要達成目標，就不能遺忘你的目標，要不斷思考再思考，遲早有一天會找到方法；執行再執行，總有一天夢想也會實現。

現在的你，每天都用幾小時來思考、實踐自己的夢想呢？

Just do it

1 / 平時有無專屬自己的目標達成方法？

2 / 設定一個本週一定要達成的目標。

3 / 為了不要遺忘那個目標，可以做哪些事情時時刻刻提醒自己？

03 運用 SMART 原則，找出實踐方法

不能執行的計畫不叫計畫，
只是意圖罷了。

——彼得．杜拉克（Peter Ferdinand Drucker，管理學大師）

每年設定的年度計畫，最後往往會淪為虎頭蛇尾、半途而廢的結果，究竟是為什麼呢？其中有著一項非常重要的原因——因為只有設定目標，沒有設定具體的執行過程。

決心有分兩種，一種是目標意圖（Goal Intention），屬於目標指向型決心；另一種是執行意圖（Implementation Intention），屬於執行指向型決心。前者是指「要提升成績」、「要減肥」等只有目標的決心，反之，後者則是帶有具體實踐方法的決心。

假設一名學生設定了只有目標的決心，例如：「這次考試無論如何我都要進步十名」；另

一名同學則是設定帶有具體實踐方法的決心，例如：「我要進步十名，所以在這次放假結束以前，每天要看完三個主要科目的網路教學影片，每天預習、複習三小時」。各位認為，這兩名學生誰比較有可能達成目標？不用說也知道，後者的可能性一定比較高。

年度計畫之所以會半途而廢，大多是因為設定成像是「要減肥」、「要戒菸」等這種目標指向型決心所致。事實上，許多研究也指出，包含執行方法的決心會比光有目標的決心達成率高出許多。

舉例來說，德國心理學家彼得．葛爾維哲（Peter Gollwitzer）博士就曾針對兩組學生進行過一項實驗，然後發表了他的研究結果。

實驗進行方式是：對一組學生要求只要提供報告截止日是幾號即可（目標意圖組）；然後對另一組學生要求不但要提供報告截止日，還要具體說明報告的撰寫方法、繳交地點等細節（執行意圖組）。

最後他比對了有準時繳交報告的學生人數，結果發現目標意圖組只有三三%的人有按時完成，而執行意圖組的同學，則有七五%的人在期限內交出報告。

這項實驗結果充分展現了不論對目標下定多麼大的決心，只要沒有仔細規畫過具體執行方案，達成目標的機率就會大幅降低的事實。

讓 SMART 原則幫你達成目標

我們需要的不只是宏偉遠大的野心，而是設定達成可能性較高的目標，因此，我們都需要對目標抱有準確、具體的認知。

心理學家們建議，為了設定一個達成可能性較高的目標，最好使用 SMART 原則，根據這個原則，有效的目標是要具體的（Specific）、可衡量的（Measurable）、行動導向的（Action-oriented）、務實的（Realistic）、有時間性的（Timely）。

SMART 原則，剛好是取這五個核心要素的字首組成，若要設定達成可能性較高的目標，最重要的是先透過以下幾點進行檢視。

◆ S：具體的目標

假如設定的是「這次放假要過得充實一點」、「提升英文能力」等這種空泛目標，達成的可能性就會是微乎其微。目標要愈具體明確，達成的可能性才會愈高。舉例來說，設定好要溫習專業知識、旅行、運動等具體目標領域以後，還要設定何時、在哪裡、做什麼、如何做、做多少等細節才行。

◆ M：可衡量的目標

想要下定決心趁放假期間減肥瘦身的人，若是單純把目標定為「變瘦」，結果肯定會以失敗收場，為什麼呢？

因為，他沒有辦法一目瞭然地衡量自己的行為結果。為了讓自己可以持續為目標努力，一定要能夠明顯看見結果變化才行。所以，與其設定目標為「變瘦」，不如把目標改成「瘦五公斤」，那麼達成的可能性就會相對提高。同樣地，比起「提升英文能力」，不如設定「一天背十個，一個月要背滿三百個英文單字」，達成的可能性會更高。

◆A：以行動爲導向的目標

假如你設定的目標是「當一個和藹可親的人」，那麼一定很難實現，必須得改成「每天向一位從未打過招呼的人問好」；也就是，想要落實就必須設定「以行為為中心」的目標。

想要存錢，就不能設定「要省錢」這種以思考為中心的目標，應該改成「以後每個星期一都要去銀行存一萬韓元」這種以行為為中心的目標，才有具體實現的可能。

◆R：可實現的目標

一名體重九十六公斤的人，光憑「做就對了！」的幻想，打算在一個月內瘦到四十五公斤，根本是痴心妄想。要設定成「第一週不增胖、第二週減去〇．五公斤」等，可實現且實際的目標，才能夠提升成功的可能性。

若要養成達成目標的習慣，就得先從具體、可實現的小事開始做起。假如想要提升化學成績，就得先找到適合自己的參考書，一開始只以最少範圍為目標，認真精讀。然後當目標達成以後，再漸進式地提高目標難度。

◆T：適當的時間分配

那些失敗的目標都有著另一種特徵，就是沒有抓準達成目標所需的時間，設定目標與實踐過程的時候，都一定要把時間考慮進去。

首先要設定達成截止日，不是「總有一天，我一定要減重三十公斤」，而是「我要在三個月內減重五公斤」這樣設定目標才行；第二，要檢查自己設定的期限是否合理，不論時間抓得太鬆或太緊，都會不容易達成目標。人類往往會配合截止日期來調整自己的行為，時間要是安排得過於鬆散，就會使我們變得怠惰，距離目標達成也會遙不可及。

帕金森定律，教你設定有壓力的截止日

當我給課堂上的學生指定作業時，有時會限時一週內完成，有時則會設定在兩個月後學期末再繳交。有趣的是，儘管是兩種不同的情況，遲交作業和未交作業的學生人數仍然相似，而且作業品質也幾乎沒有什麼差異，究竟是為什麼呢？

假如你有一天的時間可以寫信，那麼，這封信就一定會花你一天的時間，你可能會花一小時來思考要寫給誰，再花一小時思考要寫什麼內容，找尋紙筆再花三十分鐘，寫到一半再去泡

杯咖啡、發呆、接電話，又一個半小時過去，然後發現沒有信封，再花一小時跑去買信封袋。你可能會抱怨，為了寫一封信竟然可以忙上一整天，耗盡不少體力與精力。

但若是有一件任務是要你在三十分鐘內寄出一封信，我相信，你一定會在限時的時間內完成。**時間拖愈久，並不會創造出愈多結果，時間愈有限，愈能有效工作**，這才是人類的本能。換言之，時間愈多，愈容易製造不必要的瑣事。這種現象是根據英國歷史學家暨社會經濟學家諾斯古德．帕金森（Northcote Parkinson）觀察到：不論實際工作量多寡，公務員人數還是會持續增加的情況，他也是史上第一位提出這種論點的人，所以被命名為「帕金森定律」（Parkinson's Law）。

重要的不是有多少時間，而是效率。不論做任何事，只要留太多時間，就自然會排入許多不必要的雜事。所以，當我們在安排計畫時，不妨把時程安排得稍微緊湊一點。各位平時都是如何安排計畫的呢？

Just do it

1 / 目標導向型決心大部分都會虎頭蛇尾、不了了之的原因是什麼？

2 / 過去的我都是設定哪種類型的決心呢？

3 / 試著套用 SMART 原則設定一個小目標並親身實踐。

目標：

S：

M：

A：

R：

T：

04 現在對你來說，最重要的事情是什麼？

富人是先投資，再花剩餘的錢；
窮人是先花錢，再用剩餘的錢來投資。

——吉姆．羅恩（Jim Rohn，經濟哲學大師）

社群網站上曾經瘋傳過一篇文章，標題是「為什麼我們的學業成績不好」，內容如下：

1. 一年有三百六十五天，其中有五十二天是星期天，所以只剩下三百一十三天。
2. 扣除暑假（國小、國中、高中、大學）平均六十天，剩下兩百五十三天。
3. 假設一天睡八小時，一年就睡掉一百二十二天，剩下一百三十一天。
4. 每天運動、做其他事情一小時，一年就會花掉十五天，剩下一百一十六天。

5. 一天花兩小時吃飯、吃零食，一年下來就是三十天，剩下八十六天。

6. 一年總共有三十天要考試，這段期間無法讀書，所以只剩五十六天。

7. 扣除寒假（國小、國中、高中、大學）平均二十五天，只剩三十一天。

8. 扣除國定假日二十天，只剩十一天。

9. 還有一年當中生病無法讀書的天數八天，只剩三天。

10. 最後再扣掉滿心焦慮等待成績單的三天，剩下的日子是零，根本沒空讀書。

一年三百六十五天，要是像這樣找盡各種藉口來搪塞，最後能夠讀書的日子當然就會所剩無幾。

功課好的學生都是先讀書再玩樂；功課不好的學生則是先玩樂再讀書；功課墊底的學生甚至是先盡情玩樂，剩下時間拿來休息，然後再滿腹牢騷地抱怨：「快被功課搞死了。」

有些學生會認為，要趁年輕時多玩樂，所以無時無刻都在玩。然而，這種人往往只知其一、不知其二，因為事實上讀書也是要把握時機的，要是年輕時只顧著玩樂，等年紀大了就沒辦法真正享樂。

先挑出跟目標有關的重要事項

現在的青少年比以前的孩子要做更多事，誘惑也變多，放學後還要到補習班補習，或者在家上家教課，不然就是要在自修室讀書，補強不足的地方，如此一來才能在激烈的競爭中存活。不過，可以玩樂的事情也多到一天二十四小時根本不夠用，舉凡打電動、聯誼、看電影、滑手機、瀏覽社群網站、用通訊軟體聊天等，可以用玩樂打發時間的事情一樣多不勝數。

在這麼多事情當中，我們應該先做哪件事呢？

首先，我們要先安排事情的優先順序，從中挑選第一優先的事情來做。要是我們有永無止盡的時間，大可盡情玩樂、做自己想做的事，然而，時間總是比我們需要的還要少，這就是為什麼要設定優先順序的原因。

坐享成功人生的人，都是先做和目標有關的重要事項，反之，失敗的人則是先把時間用在一些無關緊要的事情上，只想著玩樂。

自主人生，得學會拒絕不重要的事

這個世界光是用功苦讀，也不一定會得到成功幸福的日子。享受人生固然重要，但是為了往後可以享受更長遠的快樂，首先要懂得排定事情的輕重緩急，不重要的事情則要斷然拒絕。千萬不要以為上同一間學校、穿一樣的制服、待在相同的教室裡，未來就會過類似的人生，這可是天大的失誤。

如果想要成為人生的主人，就得**先懂得拒絕那些有趣卻不重要的事**，久而久之，你一定會發現自己已經和無時無刻都在玩的朋友身處在不同世界。

覺得不可置信嗎？你不妨請父母給你看看他們國、高中畢業紀念冊，然後問問他們的同學現在都過著什麼樣的日子，你應該就能猜想原本和你整天膩在一起的玩伴，最後會過著多麼不一樣的人生。用空氣槍進行兩百米射擊時，只要瞄準角度偏移〇・八度，子彈就會徹底偏離目標。而現在的你，只要改變一點點自己的想法，未來就會活在完全不一樣的世界，希望每個人都能銘記在心。

如何讓自己先做重要的事？

出社會以後過著不幸日子的大人們，多半有著同樣的過去，那就是選擇把重要的事情延後處理，先做當下自己覺得有趣的事情。因此，把重要的事情埋沒在有趣的事情裡，顯然是不明智的決定。

要是為了滿足當下欲望，只做自己覺得有趣的事，將來你就會只能做無趣的事情度日。重要的事情通常都是無趣的，成功者只做失敗者討厭的事情，其實他們同樣不喜歡做這些事，但是因為有著強烈的目標意識，所以還是會咬牙完成應該做的事，最後才能夠出類拔萃。

為了將有助於達成目標的重要事項排定優先順序，讓自己先進行優先事項，以下幾點是需要留意的。

◆設定 To Do List

找到你想做的事。想要成為富翁嗎？那麼從現在開始，為了這個目標要做哪些事？如果想要達成目標，就得先找出重要程度最高的事情是什麼。假如你的目標是要上某間大學，那麼不妨想想，現在你該做的最重要事情是什麼？

◆設定 Not To Do List

假設已經列好必做事項，那麼接下來，就要找出有礙於目標達成的事項，其實這會比列出該做事項還要來得重要，試著每天在紙上寫下哪些事情是該做與不可做的。

◆一次只做一件事

要一口氣折斷十根免洗筷是很困難的，但如果是一根一根折斷，根本不必費吹灰之力。成功的人往往是一次傾全力投入在一件事情上，這會比一口氣處理多件事情來得更有效率，也更容易做好，最終就能把每一件事情都做得盡善盡美。不論你的目標是什麼，記得一次只要做好一件事情就好。

◆明確區分出選擇與放棄

我們每天都得面臨無數種選擇，要提早到學校還是晚一點呢？要吃炸醬麵還是烏龍麵？許多學生上課時根本心不在焉，只有人留在教室，心早已不知飄向何處。其實選擇待在教室裡，就意味著你選擇了那段時間不去做其他事，所以既然都留在教室了，那就忘卻其他事情、專心在教室裡做該做的事吧。

成功的人懂得果斷地放棄自己沒有選擇的事物，而成功的企業同樣是透過選擇與專注創造成果。

有錢人是先投資再花剩餘的錢，窮人則是先花錢再用剩下的錢去投資，這就是有錢人和窮人最大的差別。各位是屬於前者還是後者呢？

Just do it

1 / 設定一個非達成不可的目標。

2 / 為了達成目標，最該做的事情是什麼？

3 / 最有礙你達成目標、不該做的事情又是什麼？

05 先想好「結果」，開始就會不一樣

決定成功與幸福的核心因素，
是長期觀點（long-time perspective）。

——艾德華．班菲爾德博士（Dr. Edward Banfield，社會學家）

哈佛大學艾德華．班菲爾德博士，花了五十多年研究成功與幸福的關鍵因素，最後他得出一項結論：「在社會上擁有高社經地位的人，都有著長期觀點，會為十年、二十年後做打算。」

此外，日本著名的經營管理顧問神田昌典也曾表示：「九九％的人會看著現在預測未來，只有一％的人會遠眺未來思考現在該如何行動，當然，只有後者這一％的人會成功。」

擁抱成功人生的人，往往能夠從未來的角度看現在，為了決定現在的自己該做哪些事，首先心中要有理想的未來，然後從未來的觀點選擇此時此刻該做什麼。

各位不妨試著閉上雙眼，開始回顧自己過去到現在的人生經歷，以往的種種是否令你滿意？還是恰好相反？

填寫你的「生命線」，改變未來

為了決定接下來要過什麼樣的日子，首先，我們得學會與死亡妥協。各位一定感到納悶，怎麼突然提到死亡？其實理由很簡單，因為死亡是我們每個人的終點。我們的所作所為，都會和自認還能活多久有密切的關聯，這會影響我們使用時間的方式。如果目前的生活令你不甚滿意，不妨先檢討過去到現在的日子，以及未來打算要用什麼姿態離開人間。

關於自己，我們可以確定的事情有三件：第一，我們出生在這個世界（過去）；第二，總有一天會面臨死亡（未來）；第三，我們還活著（現在）。

過去、現在與未來，剛好可以串連成一條線，我們姑且稱這條線為「生命線」好了。接下來，就透過這條生命線來檢視自己的一生。

首先，試著在左頁上方圖的死亡下括號處填入自己預期的死亡年齡，各位都期待自己能活到幾歲呢？我當然知道，這世上沒有人能神準預測自己將於幾歲死亡，但是不妨試著預測自己能活多久，如今已是百歲時代，所以儘管填入一百歲也無妨。

接下來，在生命線上的「現在」處畫一條斜線，然後填入現在的年齡，再計算至今活了多久、未來還剩多久時間，分別寫在生命線上。假設你現在是十八歲，估計七十九歲離世好了，那麼就還有六十一年的時間可以存活，等於是十八年的三倍之多。

現在，不妨將視線從「現在」轉移至左邊的「出生」，回顧過去的人生點滴，你一定會想起許多曾經發生過的事情，那些都是各位的歷史，也造就了今日的你。我們已經再也無法改變過去的任何一件事，從今以後，我們能夠改變的，只剩下「現在」之後的事情。

切記，剩下的日子比過去多好幾倍，而這也就意味著，你可以改變的事物比不可改變的事物多了好幾倍。

你想要哪一種墓誌銘？

接下來，我們再試著把視線挪移到右邊的「死亡」，每個人都不曉得未來會發生什麼事，也無從選擇未來會發生的事情，然而，我們的態度與行為是完全可以由自己決定的。為此，我們需要先做一件事：想像一下假使你的生命即將在下一秒鐘結束，那麼你的墓碑上會寫有哪些文字。

有些人看到這裡可能會覺得我怎麼說如此觸霉頭的話，然而被醫生宣判人生只剩沒多少時間的人，都會異口同聲地說：「當你知道自己生命所剩不多的時候，你對生活的感受就會和過去大不相同，也會用截然不同的方式過日子。」因此，**若要學習如何活著，就得先認眞思考過死亡這件事**。

以下是一段墓誌銘，雖然令人難以接受，但是我們不妨想像一下，假如是這樣的墓誌銘，你會滿意嗎？

> 金哲秀，○○○○年生。他的一生有許多想做、想要的事物，然而，他在學生時期浪費了太多時間在看電視、上網、玩電動等事情上，虛度光陰。然後一輩子抱怨自己的人生怎麼一事無成，到死前最後一刻都還是滿口抱怨，孤獨地沉睡於此地。

反之，也有光想就令人倍感驕傲的墓誌銘：

> 金孝晶，○○○○年生。她熱心助人，投身公益，實現了人人稱羡的夢想，告別精彩一生，於此安息。

墓誌銘可能是其他人對你這一生的評價，也可能是自己所做的自身評價。為了讓各位有動機回首過去至今的時光，勢必得想像自己的墓誌銘，尤其對於十世代的青少年來說更是需要，因為你們將來要過的日子遠比過去多好幾倍，透過回想過去，重新檢視自己都是如何度過那些歲月的，然後再遠眺前途無量的未來。

畫一張自己的夢想藍圖

現在，暫時放下這本書，想想死前一定要完成的夢想是什麼。你想要在幾歲以前完成什麼樣的夢想？

你可以寫下自己的夢想藍圖，把想要達成目標的年分、年齡填入其中。然後從最終目標回溯至現在，填入中間必須達成哪些階段性目標、年分以及年齡。寫好之後，把這張「夢想藍圖」貼在書桌前的牆上或者自己的筆記本上，隨時觀看。接著開始尋找有哪些小事是現在可以立刻執行，且有助於讓自己達成目標的，一天至少實踐一項也好。

想要實現的夢想還不夠具體明確嗎？

沒有關係，大概想一下畫畫看就好，不需要給自己太大壓力，要是覺得一定要把夢想想得具體明確，或者要把人生藍圖畫得完美無缺，這樣反而會使自己毫無動力去完成這張圖。其實各位還很年輕，要是還沒找到明確的夢想，慢慢尋找也無所謂。就算人生藍圖畫得不甚完美，只要不斷修正補強就可以了。

縱使仍有很多考慮不周的地方，只要畫過人生藍圖，就會出現許多改變；做著和過去同樣的事情也會有不同想法，想做與不想做的事情也會和以往大不相同。改變人生道路的最佳方法就是「更改目的地」，改變行為最有效的方法則是「改變目標」。你們的人生藍圖，將改變你們的行為。

Just do it

1 / 死前一定要達成的夢想是什麼？

2 / 寫一段想要被刻在墓碑上的墓誌銘內容。

3 / 為了實現最終夢想，設定實踐過程中必須達成的階段性目標。

06

如何定出一個不會失敗的計畫？

沒有人會為了失敗擬訂計畫，
只是沒能設定成功的計畫罷了。

——威廉·阿圖·沃德（William Arthur Ward，美國作家）

幾年前，某市調機構發表過一份調查結果，主要是針對聯考成績占前四％的優秀學生，以及四％以外的一般學生，詢問他們平日讀書是否有事先擬定好讀書計畫，如果有的話是否有按照計畫實踐。

結果前四％的優秀學生當中，有九四・一％擬定計畫；成績一般的學生當中則有七九・三％表示「有事先擬定自己的讀書計畫」，看起來並無太大差異；然而，當這兩組學生在回答是否有落實讀書計畫時，則出現了明顯落差：成績優異的學生有七九・九％實踐，成績普通的學生則僅有二二・四％有按照讀書計畫實踐。

就這項調查結果而論，大部分的學生其實都會安排讀書計畫，但是成績優異的學生和成績一般的學生最大差別在於，前者大多都會按照計畫執行，後者則是多半都沒能落實。究竟為什麼會這樣呢？

原因百百種，但其中最重要的原因在於，成功者和失敗者擬定的計畫並不相同，光從他們的計畫就可看出注定成功或失敗。因此，如果想要按照計畫達成目標，我們就得先了解哪種計畫比較容易成功，哪種計畫較容易失敗。

你的計畫是以「時間」還是「任務」為中心？

許多學生在設定自己的學習計畫時，會以這種方式安排：「八點到九點複習英文，九點到十點複習數學」，然而學習的重點不在於投入時間的多寡，而是真正學到多少，這道理就像做生意的人不是看開店營業時間有多長，而是一天總共賣出了多少產品，我們的學習計畫也是一樣的道理。

比起以時間為中心去做設定，**以任務爲中心的設定會更爲有效**；也就是說，與其設定「複習數學一小時」，不如設定「解十道數學題目」。

這麼做有三個好處：第一，會為了盡快完成而卯足全力；第二，可以使自己全神貫注，所以會提升學習效率；第三，增加自我管理的成就感。

絕對可以實現的計畫是……

06：30 起床

07：30 吃早餐

08：00～09：00 伸展操、跑步

10：00～11：00 複習國文

11：00～12：00 複習英文會話

12：00～13：00 午餐時間

13：00～13：30 休息

14：00～15：00 複習數學

15：00～15：30 休息

15：30～17：00 星期一、二、三補習美術，禮拜四、五上家教課

17：00～18：00 閱讀

18：00～18：30 晚餐時間
18：30～19：30 看電視
19：30～21：00 睡前複習
21：00～21：30 寫日記
21：30～22：30 上網
23：00 睡覺

每到放寒暑假的時候，學生們最先做的事情就是製做一張時間計畫表，這種計畫表通常是按照每天的作息，從早到晚排滿所有要做的事項，但是如果像上面這樣排入過多的事項，就會變得難以落實。

如果要讓自己成功實踐計畫，最重要的還是不能從一開始就把計畫設定得太滿，應該要排輕鬆一點，不用費太多力氣也能達成的程度。

舉例來說，第一個星期先安排自己背五個英文單字，第二個星期再背十個英文單字，像這樣以循序漸進的方式增加難度。

計畫表中有沒有樂在其中的事？

無法遵守的計畫表往往都是無聊、痛苦的，只有充斥著與讀書有關的事項，光看就令人窒息，半途而廢的機率也非常高。計畫表裡一定要有自己真心想做、可以樂在其中的事情。

如果你在付諸執行計畫時總是失敗，一開始不妨在計畫表裡只放自己喜歡做的事，例如：把計畫表中排進很想看的電視節目、和朋友講電話、看電影、睡午覺、聽音樂等事項，然後按照計畫執行，如此一來，應該可以體會到控制自我的小小成就感，然後我們的內心就會產生這樣的想法——「既然我都能做到這些事情了，其他事情應該也能辦到。」一旦心裡產生這種想法，原本厭惡至極的讀書也會變得可以按照計畫實踐。

以今日出發，再為明日安排

多數人之所以無法按照計畫執行，並不全是因為我們怠惰、懶散或意志力薄弱，很多時候是因為我們的計畫裡沒有包含「今日」所導致。

我們通常都是計畫「明天要做什麼」，而非「今天要做什麼」。經營管理之父彼得・杜拉克曾說：「計畫不是思考明天該做什麼，而是為了明天，今天該做什麼。計畫明天很容易，這件事可能很有趣卻毫無意義。」

如果要能成功實踐計畫，就得想盡辦法從今天起為明日的計畫作準備。

不要只做「未來式」計畫

所謂計畫，就是規畫未來要做的事情，然而，「從明天開始」的計畫會比「從現在開始」的計畫更容易以失敗收場。

要是各位設定了三十歲前要存一億韓元（約新台幣三百萬）的目標，那就不能在心裡想著等拿到第一份薪水以後再開始存錢，而是要從現在起，儘管只是一萬韓元（約新台幣三百元）也要馬上存入銀行才行。

想降低失敗率？大聲公開你的目標

心理學家史蒂芬．海斯（Steven C. Hayes）以大學生為對象，進行了一項實驗，將學生分成三組，一組要向其他學生公開自己的目標成績，另一組是把目標成績默默放在心裡，最後一組則是不用設定任何目標成績。

實驗結果發現：將自己的目標公諸於世的學生，比其他兩組學生拿到明顯較高的成績；默默將目標成績放在心裡的那組學生，最後得到的成績和根本沒有設定目標成績的那組學生幾乎相似。由此可見，只有自己知道的目標，其實就和沒有設定目標沒兩樣。

與其暗自在心裡下定決心：「明天開始，我要每天早上六點起床。」不如對家人公開宣示自己的決心，告訴他們你的目標是什麼，就能提升實踐的可能性。如果想要朝令夕改、出爾反爾，那就把計畫默默放在心裡，但如果是想要徹底實踐的目標，就記得一定要公諸於世。尤其是自己非常在意的人，或者需要在對方面前保有自尊的對象，對他們說說自己的目標吧，因為在他們面前，你會更想要用盡一切辦法遵守諾言。

各位現在有什麼事情是非實踐不可的呢？為了有效落實決心，你會用什麼方法公開你的目標呢？

Just do it

1 / 從至今設定過的計畫當中，找出一件沒有成功達成的計畫。

2 / 寫一項非達成不可的目標，並設定無論如何都一定會成功的計畫。

3 / 為了設定一項絕對會成功的計畫，找找看現在可以做什麼事。

07 跌倒時，我會撿一些東西再站起來

我一生最大的榮耀，不是從來沒有失敗，
而是跌倒後每次都能再站起來。

——奧利佛．戈德史密斯（Oliver Goldsmith，詩人）

不論設定多麼明確的目標、有系統的實踐計畫，我們還是經常會以失敗收場。比方說，新年第一天，我們下定決心今年無論如何都要提升學業成績，但是最終很可能只會虎頭蛇尾，三天打魚兩天晒網；或者下定決心這星期絕對不打電動，但很可能當天就難以抗拒誘惑，還是照常打電動。

假如這就是各位的寫照，我想，你一定會覺得自慚形穢，想要放棄計畫吧，心裡想著「設定什麼計畫，反正也是白忙一場。」看著頻頻承諾跳票的自己，你可能會覺得自己是個意志力

薄弱、缺乏決心的人，甚至為此自責不已。

你不是沒毅力，只是缺方法

各位是缺乏毅力的人嗎？在我看來並非如此。我們每個人從小都是在失敗中學習成長，毅力是每個人與生俱來的天性，試想一下我們小時候是如何學會走路？就算不斷踉蹌跌倒，依然充滿毅力地反覆站起來練習，最後才愈走愈穩，世界上沒有一個孩子是從沒跌倒過就會走路的。

因此，說自己缺乏毅力其實是錯誤的評斷，如果至今你也有想要嘗試做某件事，最終卻因不幸失敗而放棄的話，那只是你沒找到需要發揮毅力的動機，或者還沒有學到有效堅持下去的方法所導致。

我們不必因為沒能按照計畫執行而倍感自責，每個人都有犯下失誤或沒能按照計畫處理事情的時候，也沒有人總是只做正確的決定，更沒有人能解決世上所有問題。

每個人都會偶爾做出錯誤的決定，這是再自然不過的事情。所謂**失敗，其實是一種機會，讓你可以事先尋找更好的解決對策，以應對將來可能會面臨的問題**。

如果你會騎腳踏車，不妨回想當初第一次練習騎腳踏車時的場景，你是一次就成功上手嗎？還是跌倒以後因為膝蓋磨破皮就放棄？我相信一定不是這樣的，正因為你跌倒以後還是沒有放棄、重新站起，所以才成功學會騎腳踏車，凡事只要你有心想要把它做好，就一定會歷經各種挫折失敗。

找到做不出燈泡的數千種方法

多數人都會對失敗帶有負面觀點，認為是不好的事情，然後誤以為沒有失誤才是最理想的狀態。但真的是這樣嗎？以下是《思考致富》（*Think and Grow Rich*）的作者拿破崙・希爾第一次採訪愛迪生時，兩人的談話內容。

「請問您對於自己為了發明燈泡，而經歷數千次失敗的事實有什麼想法？」

「我從來都沒有失敗，反而還找到了做不出燈泡的數千種方法。我只是進行了數千次的實驗罷了。為了得到滿意的結果，必須經過這段學習歷程。」

愛迪生看待失敗的正面態度，使他成為人類史上最偉大的發明家。成功的人並不是因為沒有失敗，而是看待失敗的角度、處理失敗的方式不同罷了。

當計畫進行得不如預期，內心出現想要放棄的衝動時，不妨對自己說：「我只是完成了一次實驗，下次一定會更好。」重新檢視計畫、找出失敗原因固然是好事，但是記得千萬不要過度執著於失敗或對自己太苛責。

一種方法不夠，還有二、三種可能性

要是發現自己走錯了路，大不了再回頭就好，根本不需要將錯就錯一意孤行，或者站在原地難過哭泣。讀書就像探路，要是沒能達成目標，就想想失敗的原因，並找尋更好的方法即可。

想知道如何找尋更有效的方法嗎？我會建議你用以下方式進行。儘管只是小問題，也最好養成尋找各種解決對策的習慣。

假設今天你設定了一項目標是：一天要背二十個英文單字。先暫時閉上眼睛，回想一下過去都用了哪幾種方法背英文單字，有些人可能只有用過邊寫邊記憶的方式，有些人則可能試過三、四種不同的方法，不論試過幾種都無所謂。

接下來，試著想出五種背英文單字的方法，比方說，邊寫邊記、把單字寫在便條紙上貼在家裡各個地方、用錄音筆錄起來隨時收聽、把背好的單字向朋友或家人進行解說、把要背的單字寫給弟弟妹妹請他們出考題……。

只使用一種方法的人和手上有著各種對策的人，哪一種人比較容易達成目標呢？

想也知道，一定是後者。儘管你已經試過各種方法，也千萬要把這句話銘記在心：「還有各種可能性。」

先想想 B 計畫吧！

當我們說到「全校第一名」的時候，腦中浮現的三個印象莫過於「讀書」、「讀書」、「讀書」；然而，許多成績第一名的學生一點也不像第一名。

像我知道一位高一全校第一名的女孩就是個追星族，她會和朋友一聊就聊好幾個小時，但是讀書時一定會遵守一項原則——讀書前會先花二至三分鐘思考，假如讀書過程中開始分心的話，要如何處理。「要是英文文法讀膩了，就看美劇三十分鐘，練習英文會話聽力」、「如果化學讀膩了，就停下做十分鐘伸展操」……像這樣事先想好突發狀況的解決對策，而這種對策我們稱之為「B 計畫」（Back-up Plan）。

不論你是多麼喜歡讀書的人，也很難一直維持在讀書這件事情上，但是如果像這樣預先準備好對策，就可以防止自己陷入低潮、虛度光陰。

要選擇繼續停留在失敗的位置上自怨自艾，還是選擇重新站起來、相信一定還有其他方法，決定權都在自己手上。當你安定好心情再次尋找對策時，你會發現原來還是有很多可能性。

分子生物學家奧斯瓦爾德．艾佛瑞（Oswald Avery）在成功發現ＤＮＡ掌管人類遺傳的事實以前，有著好幾年的實驗失敗經驗，但他始終沒有放棄，不斷埋首於實驗。當時，他身邊的人都曾問過他是否想要放棄，但他總是語帶輕鬆地回答：「怎麼會呢，每次跌倒時我都一定會撿一些東西再站起來。」

失敗不是結束，放棄才是完結。各位是否也曾有過失敗卻不應該選擇放棄的經驗呢？

Just do it

1 / 試著寫下過去因為一、二次失敗而選擇放棄的事情。

2 / 寫下當時選擇放棄的理由，以及失敗後得到的教訓是什麼？

3 / 寫下一件想要重新挑戰的事情，並事先擬定好 B 計畫。

Chapter

3

抱怨沒時間的人享受不了，你得懂時間管理、創造效益

時間是最公平的東西，
我們應該學會如何聰明運用時間，
來面對這個不公平的世界。

LOADING..

政宇啊，

時間是借不來也買不到的東西，

每一瞬間都會消失殆盡，

無法倒轉也無法預留。

我們的命運，

是根據如何使用每個人都公平擁有的一天

二十四小時來決定。

01 明明認真生活，為什麼時間還是不夠用？

你所浪費的今天，
是昨天死去的人奢望的明天。

——愛默生（Ralph Waldo Emerson，美國哲學家）

「我平時睡得很少，生活節奏緊湊，所以自認是個勤勞的人，生活也過得頗為充實。但是後來我仔細列了一下一天的行程，發現有好多時間都被我浪費掉了，扣除聽講時間三小時，我每天可以自修的時間只剩一小時二十分鐘，這件事讓我感到非常驚訝。」

聽講時間：三小時
準備餐點、吃飯、洗衣服：三小時五十分鐘

打電動、上網：兩小時十四分鐘
和朋友聚會（喝點小酒）：兩小時四十五分鐘
通電話、看電視：兩小時
在圖書館看報章雜誌：一小時三十分鐘
找資料、寫報告：一小時二十分鐘
放空躺著休息：一小時十分鐘
上下課通勤時間、其他：一小時二十分鐘
睡眠：五小時五十一分鐘

上述內容是一名學生聽了我的演講後，為了進行時間管理而觀察記錄自己一天的行程，把他的心得感想也一併提交給我。如果想要有效管理時間，就得先找出時間都被浪費在哪些事情上，仔細檢查自己是如何度過一天的。

為什麼人總不自覺浪費時間？

我們需要擔心的不是一天只有二十四小時，也不是時間總是不夠用，因為每個人擁有的時間是公平的，問題在於用錯誤的方法使用時間。許多學生會花很長時間在對自己沒什麼幫助的事情上。

曾經有人問過米開朗基羅：「究竟是如何雕刻出如此偉大的作品？」

於是他回答：「其實型體本來就存在於花崗岩中，我只是把不需要的部分去掉而已。」

時間管理不外乎是同樣的道理，為了讓自己有更多時間投入在最重要的事情上，就得先去掉會浪費時間的事情，而這也是著名的時間管理專家傑佛瑞．梅爾（Jeffrey J. Mayer）主張的「因減而加的原理」（Plus by Minus Principle）。為了捨去浪費掉的時間，首先，我們需要了解浪費時間的原因。

◆認爲時間是無限的

很多人不會意識到自己的一天只有二十四小時，多的是認為時間還很多、來日方長，整天虛度光陰。其實時間的確是無限的，但是千萬別忘了上天給予我們每個人的時間是有限的。

◆重視及時行樂

失敗的人通常著眼於當下，想盡辦法滿足當前欲望而把時間統統都蹉跎掉了，就算明天有一場重要的考試，今天還是會把寶貴的時間用來上網、打電動、和朋友聊天等；然而，成功的人會用較為長遠的觀點來思考，把時間投資在能夠獲得更大報酬的事情上。就如同前文提過的，懂得聰明運用時間的人往往是用未來觀點做思考，以處理重要的事情為優先。

◆無法拒絕不必要的邀約

我們的周遭總是圍繞著想要剝奪我們時間的人，例如：朋友會跑來找你聊天、有人會找你一起玩、不必要的電話也會一直打來。就算有人能夠拒絕別人向自己借錢，也鮮少有人能夠婉拒別人提議的不必要邀約。能夠讓自己不再因他人而浪費時間的最好方法，就是勇敢對不必要的邀約說「不」。

◆什麼事都要拖到之後再做

許多學生儘管知道自己有很多事情要做，還是會拖到最後一刻，但其實不論是準備學校用品還是寫作業，只要是一定要做的事，最好還是馬上處理。因為要是把該做的事情延後，就得花時間和力氣去努力讓自己不要忘記做這件事。因此，我通常連電子郵件也都盡可能在收到當下立刻回信，無須回覆的信件則直接刪除。

◆對於自己如何使用時間毫不在乎

各位是否具體確認過自己花多少時間處理事情呢？會導致浪費時間的最重要原因之一，是根本不曉得自己每天如何利用時間。如果想要減少時間浪費的情形產生，就得先具體了解自己究竟浪費了多少時間。

確認一下自己從早到晚都做了哪些事，檢查自己是如何度過一天的。把進行的事項統統寫下（可利用下頁表），比對一下哪些時間是被浪費掉的，哪些時間則是被用在有用的事情上。

進行事項	開始時間～結束時間	總計耗時

有用時間＝　　小時　　分　vs.　浪費時間＝　　小時　　分

Just do it

1 / 你是如何度過今天的呢？觀察紀錄後有何感想？

2 / 寫下自己浪費了哪些時間，哪些時間則是被有效利用的。

3 / 現在開始該怎麼做，才能夠減少浪費時間的情形產生？

02 一天十五分鐘，就能讓你成為專家

經常抱怨沒有時間的人，
其實是最不善於利用時間的人。

——尚・德・拉布呂耶爾（Jean de la Bruyère，哲學家）

受我指導的研究生總是抱怨時間不夠，他們多數會讀書到深夜，週末也會到研究室自修，通常都是犧牲睡眠來讀書；有趣的是，很多學生會對於睡眠時間減少感到不甘心，對於一天當中的零碎時間白白流逝卻很捨得。

韓國學生之間甚至流傳著這麼一句話：「四當五落。」意思是假如每天睡不到四小時，就會當選（合格），要是睡五小時以上，就會考不上大學的意思。然而，在減少睡眠時間以前，我們應該先重新檢視自己究竟是如何運用一天當中的零碎時間。

時間和其他資源不同，它是公平且有限的，每個人一天都只有二十四小時，沒辦法比別人多一分一秒。不僅如此，時間無法向人租借，更無法用錢購買。再加上每一瞬間都會徹底消失殆盡，所以也不可能先存起來等之後再使用。昨日的時間會永遠成為過去，再也找不回來。

儘管如此，還是有很多人會任由寶貴的時間平白無故消失，或許是因為根本不覺得時間等於金錢的緣故，花錢請客時會感到心疼，但是對於浪費時間卻毫無感覺。

很久以前，我在擔任某間大學的顧問時做過一項研究，我把學生分成兩組，一組是成績優異領獎學金的學生，另外一組則是成績不佳被學校記過申誡的學生，分析他們的生活態度有何顯著差異。

經過一番比較之後，我發現兩組學生在運用沒有排課的空檔，和上下學通勤等零碎時間的方式大不同。成績好的學生會利用這些零散時間來複習或預習功課，就連搭公車、走路、排隊時，也會在腦中回想讀過的內容，檢查自己是否有牢牢記住，等於在做其他事情的時候大腦也沒閒著；但是在成績不好的學生當中，幾乎找不到這樣運用零碎時間的人。

成敗關鍵就藏在你不在乎的「零碎時間」

韓文的「零碎」一詞，其實指的是販售或使用到最後剩下的布料，這種碎布往往會被直接丟掉，然而這種碎布積少成多，妥善利用還是可以做出漂亮的玩偶或坐墊，就如同夾雜在重要事項之間、很容易被我們浪費掉的零碎時間也是。

大部分的人都會認為這種零碎時間沒什麼意義、難以有效運用，但其實成功人士都會珍惜這種不完整的零碎時間，創造出與眾不同的人生。

你是否也經常把「我好忙」掛在嘴邊，但是仔細回想一整天所做的事，又覺得好像沒做到什麼事呢？如果是這樣的話，你就不得不承認是因為把一天大部分時間都切成了零碎時間，沒能妥善運用所致。世界上沒有人能把一天二十四小時延長，我們能做的事情只有確實運用二十四小時，但這並不是要你減少睡眠的意思，而是要你把握醒著的每分每秒。

我們假設一天睡八小時，等於你有十六個小時都是處於醒著的狀態，但不可能這十六小時統統都拿來讀書學習，中間需要吃飯、通勤、等待、休息等，穿插著許多零碎時間，如何管理這些不完整的時間，正是分辨能否有效運用時間的最重要指標。

過去我以時間管理為題目進行演講時，曾請學生們回想自己如何使用一天的時間並將其寫在白紙上，然後隔天再請他們詳細記錄一整天運用時間的實際情況，結果兩張紙一比對，發現每個人的回想和實際都有明顯落差。

大部分學生在回想自己一天如何使用時間時，都只記得上課、通勤等耗時較長的事項；但是對於像聊天、發呆、打混摸魚等這類瑣事，或是沒有明確進行某件事的時間都毫無印象。另外，關於印象最深刻的讀書時間，在回想和實際記錄下的時間也有著明顯長度的落差。

就結果而言，我們可以藉此得出人們其實對於自己實際運用時間的情況不是很了解，為能有效管理零碎時間，一定要先掌握自己一天都做了哪些事，以及浪費掉多少零碎時間。

接下來，請參考以下幾種零碎時間的例子，並試著列出一份零碎時間清單，然後檢視自己一天都花多少時間在做這些瑣事。

尋找我的零碎時間清單：

上下課通勤時間、聊天、打混摸魚、嬉鬧、盥洗、上廁所、排隊、走路、等人、放空、在床上翻滾、吃飯或喝下午茶、聽音樂、上課前後的空檔……

七十歲長者，一生有效運用時間只有二十七年？

根據美國時間管理專家麥可．波特（Michael Porter）進行的一份時間使用調查結果顯示，七十歲的美國人，一生當中實際有效運用的時間竟然只有二十七年；他們平均會花五年時間排隊等待，六個月等紅綠燈，兩年轉接電話，四年做家事，六年吃東西，二十三年睡覺等……這些事情統統加總起來是四十三年。算起來，一天二十四小時他們真正運用的時間只有九小時。

其實只要多加留意這種憑空流逝的時間，我們絕對可以充分有一番成就。

以奧斯勒氏結（Osler's node）聞名的加拿大醫師威廉・奧斯勒（William Osler），每晚睡前一定會閱讀十五分鐘，雖然十五分鐘只占一天當中的百分之一，但他知道日積月累下來，這十五分鐘也會變得不容小覷。

根據奧斯勒的計算，一般人的平均閱讀速度是一分鐘三百字左右，所以閱讀十五分鐘差不多可以看四千五百字，一週七天下來就是近三萬五千字，一個月則是十二萬六千字，一年更是高達一百五十一萬兩千字。假設一本書有七萬五千字好了，一天閱讀十五分鐘，一年下來就能夠讀二十本書的意思。

十五分鐘，往往都會被我們當作是零碎時間任意打發，但是其實每天只要妥善運用這百分之一的時間，一年下來就足夠使你成為某個領域的專家，三年時間甚至可以寫一本該領域的書籍。因此，千萬不要小看這些零碎時間，別再讓它白白流逝了。

值得注意的是，我所謂的妥善運用零碎時間，並非指一定要用那些時間來讀書或背單字，也不是叫你無時無刻都不要停下腳步休息，這樣的人生太苦悶了；我想要強調的是，其實這些零碎時間並非一文不值，只要妥善利用，一樣無比珍貴，所以不要老是放任它平白流走。牛津大學萬靈學院（All Souls College）的鐘塔上寫著這麼一句話：「消失的時間是你我的責任。」

如何使用零碎時間？

光知道一天當中有多少零碎時間，卻不曉得該如何運用也是枉然，因此，我們也要思考如何運用那些零碎時間才行。建議善用上下學通勤時間，隨身攜帶英文單字簿或是利用智慧型手機來背單字；身上隨時準備一些可以翻閱的讀物，這樣一來，不論是在等人或者排隊時都可以拿出來閱讀，不僅可以排遣無聊，還會因為覺得自己有做點事情而感到充實。另外，也可以利用廁所和書房的牆壁、貼上一些自己要記的內容……簡單幾個動作，那些平常不在乎的零碎時間就會被各位徹底利用。

除此之外，課堂之間穿插的休息時間同樣可以拿來有效利用，你可能會感到納悶，下課短短的十分鐘能做什麼事呢？但其實這十分鐘可以充分用來預習、複習功課，只要翻開課本看一下大綱和小標；或是讀一下內文中強調的重要概念，思考這些概念與哪些內容有關就可以了，光是做到這一點已經是非常棒的預習了。

許多學生會在下課鐘聲一響就迫不及待衝出教室，我會建議各位不妨在下課鐘響後、先坐在位置上幾分鐘，在腦海裡重新回想一遍剛才上課時學到的內容，檢視自己還記得哪些重點，或者哪部分的記憶已經模糊，這麼做會讓自己有更多時間可以自由運用。

最後一種有效運用零碎時間的方法是，藉助智慧型手機的錄音與播放功能來溫習功課。不論是在公車上還是街道上，我們經常可見戴著耳機的學生，但他們大多都在聽音樂，其實也有些學生會播放誦讀化學元素符號、英文單字或外語會話錄音檔。根據我個人經驗，在無法邊寫邊讀的情況下，收聽自己讀過的內容是最有效的，這和看書閱讀不太一樣，會帶來前所未有的新鮮感。各位不妨試想一下，在零碎時間只聆聽歌曲放空的學生，和自行將學習內容錄起來收聽的學生，兩者十年後分別會發展成什麼模樣？

Just do it

1 / 試著列出一天當中流逝掉的零碎時間。

2 / 嘗試思考要如何運用自己的零碎時間。

3 / 想像一下，每天運用百分之一的零碎時間，
一年、三年後會帶來什麼樣的改變？請用文字描述。

03
「時間小偷」正在綁架你的人生！

人生苦短，
為何要浪費時間在不重要的事情上，使人生變得更短。

——塞繆爾·約翰遜（詩人）

請在符合自己的描述前標示○，不符合自己的描述就標示×。

- □ 出門時會先確認有沒有帶手機。
- □ 如果沒帶手機，就會坐立難安，心心念念著。
- □ 經常因滑手機而沒做好該完成的事、寫作業或讀書等。
- □ 要是有一段時間手機完全沒有動靜，就會感到莫名的空虛、心情低落。

□一有空就會想看簡訊，或者想傳訊息、打電話給某人。

上述這些項目當中，符合你的描述總共有幾項呢？

要是有符合三項以上，表示你已經沉迷於智慧型手機中。根據二〇一二年韓國青少年政策研究院的調查結果顯示，每十名青少年當中有九名（九〇・一%）是手機持有人，國小六年級前後的學生大部分都已經有自己專用的手機，月平均使用費為四萬韓元（約新台幣一千元）以內的學生占五三・七%，但是高達八萬韓元（約新台幣兩千元）以上的學生也占有一一%。

只要沒有手機，就會坐立難安？

國、高中生入學或畢業時，最想要收到的禮物之一就是新手機，這就好比每一種存在都有其存在的理由一樣，青少年會如此想要手機同樣自有原因。根據一項調查結果顯示，青少年買手機的第一目的是為了維繫同儕關係，因為在人人一支手機的環境下，要是只有自己沒有手機，會很容易被當成班上的怪咖；而且要是其他人都聯絡不到自己，與同學之間的關係也很容易被冷落忽略，久而久之就會變成沒有朋友的人。

除此之外，相較於市內電話，手機有更好的即時性與隱密性，尤其上課時偷傳訊息，更是枯燥乏味的校園生活中不可或缺的心情調劑，光是傳給同學一則「好想睡」的訊息，就可以立即收到「快睡！」等回覆，或多或少減低了一些上課的無趣感。不僅如此，在家裡用市話與同學聯絡很難保障隱私，但是如果換成用自己的手機通話或傳訊，就可以避免隱私外洩了。

其實千萬別小看電話鈴聲的威力，因為就連準備跳首爾漢江自殺的人聽到手機鈴聲響，也會反射性地自動接起電話；當我們專注在做某件重要的事情時，電話鈴一響同樣會自動接起。這其實是基於一種不安全感，彷彿要是沒有接到電話就會永遠錯過某件重要的事情一般，這種現象在心理學上是人們對於潛在的損失感到焦慮恐懼，所以不論當我們在做什麼事，電話鈴一響，就會先接了再說。

我是不是已經網路成癮了？

隨著智慧型手機的普及化，多數人用手機上網的時間也與日俱增。美國的網路成癮中心（Center for On-line Addiction，COLA）將網路成癮歸納出以下十種症狀，只要符合其中三種以上，就表示很可能已經網路成癮。

1. 每天一定要上網，只要一天沒上網，內心就會感到空虛不安（這裡不包含工作所需的上網行為）。

2. 每次一上網就會忘記時間，經常一轉眼就已經是凌晨了。
3. 一整天都在上網，愈來愈少外出。
4. 吃飯時間變短，經常在電腦螢幕前吃飯。
5. 明明花很多時間在上網，卻總是矢口否認。
6. 周遭人士都認為我花太多時間在用電腦，但自己卻不這麼認為。
7. 沒來由地一直確認信箱，要是沒有新的電子郵件，就會感到沮喪。
8. 想要公開自己的個人網站給其他人知道（包括陌生人），然後會無時無刻確認來訪人次與點閱率。
9. 儘管已經忙得不可開交，休息時間還是會重複進行無意義的上網行為。
10. 上網時就連家人在身邊都會覺得厭煩，要四下無人才會感到安心。

別把人生全部寄託在手機和網路上

當我們回想人生當中有什麼趣事時，十之八九一定會想起某個特定對象。一個人幸不幸福，最強烈的主要因素來自與他人之間的關係，這也是為什麼普羅大眾會認為那些比較孤僻的人通常精神層面也有點問題，主要是因為人際關係在我們人生裡極其重要。如果你是片刻都離不開手機，試想究竟是什麼原因使自己變成這樣的？那是因為一旦聯繫不上其他人，我們就會感到焦慮恐慌的緣故，就好比幼兒時期要無時無刻黏在母親身邊才會感到心安是一樣的道理。

心理學家阿德雷－蓋爾（Adlai-Gail）曾針對兩百名高中生進行過一份問卷調查，他將學生分成兩組，分別是目標意識明確與不明確的學生，然後分析這兩組學生平日運用時間的方法。後來他發現，前者比後者投入兩倍多的時間在學習；反之，後者比前者投入兩倍多的時間在看電視。

其實，會花長時間在使用智慧型手機、上網、看電視的人，都是因為缺乏自我目標意識所導致。如果我們一直難以抗拒這些誘惑，就表示自己還沒找到懇切希望達成的目標。

我們通常會認為自己是在利用手機和網路，但其實一不小心就很容易反被手機利用，把寶貴的時間、金錢、人生全都交付於電信公司，淪為極其荒謬的情形，這點務必要銘記在心。

Just do it

1 / 試著寫下今天用了多久的智慧型手機，以及都用它做了哪些事？

2 / 試著寫下今天用了多久的電腦，以及都用它做了哪些事？

3 / 看著以上自己寫下的內容，有何感想？
未來打算如何利用電腦和智慧型手機呢？

04 不要靠「認真」面對這個不公平的世界

我們真正該擔心的，不是時間不夠，
而是大部分時間都被錯誤利用。

——李察．柯克（Richard Koch，暢銷書作家）

世界上充斥著認真努力過生活、勤勉向上的人，但很可惜的是，光憑這樣就成功的人並不多。隨著大環境持續不斷的經濟蕭條，許多人丟了飯碗，至今可能還未找到出路，在這些人當中最多人抱怨的就是：「以前我那麼努力，公司怎麼可以這樣對我……。」然而，沒有一間公司會因為你的工作態度很認真，就不管績效、一直把你留在公司，這就好比即便老闆認真守著餐廳，從凌晨開店至深夜，未必會高朋滿座的道理一樣。

因此，我們應該**拋下「凡事只要努力，就一定會得到該有的結果」這種觀念**，也別肖想這樣才能達到公平公正的世界，事實上，我們身處的社會看重的是你的生產力有多高，而不是你有多認真。但這並不代表你不需要認真，為了達成某件事，認真只是基本條件，還需要增加附加價值才行。

讀書也是，光靠認真是不能保障一定能得到最佳成績的，為了把書讀好，認真固然是不可或缺的重要基礎，但同樣需要升級增強。不要努力學習，要聰明學習！

人生就是不公平——帕雷托法則

約莫一百多年前，義大利經濟學家維弗雷多・帕雷托（Vilfredo Pareto）發現英國大部分所得和財富都流向少數人手裡，而且還發現了兩件極具意義的事實。

第一項，某一個族群占總人口數的百分比，與該人口群所享有的財富之間，具有一致的數學關係；也就是全國八〇％的收入都集中在二〇％的人身上。第二項則是不論哪個國家、哪個年代，都呈現著這樣不平衡的原則。

努力、投資、原因的小部分，會誘發成果、產出、結果的大部分，使得努力與成果之間、投資與產出之間、原因與結果之間一直存在著固定的不平衡，所以也稱此為「不平衡原則」或「八十／二十法則」。

後來有不少學者也用這項法則解釋了許多社會現象，不論是社會、企業還是個人的人生，都可以套用帕雷托法則（Pareto Principle）來做解釋。舉例如下：

◆八〇%的成果是靠二〇%的專心工作時間達成。
◆八〇%的比賽獎金是被二〇%的職業選手領走。
◆八〇%的校規違反案例是由二〇%的學生所為。
◆八〇%的人際關係價值是由二〇%的關係決定。
◆八〇%的通話是和二〇%的人進行。
◆能夠理解八〇%上課內容的學生，只占全班二〇%。
◆八〇%的核心內容，只占整本書的二〇%頁面。
◆八〇%的成果，是靠二〇%的專注時間達成。

一旦了解帕雷托法則以後，社會裡的多數問題就能夠迎刃而解。舉例來說，八〇%的交通堵塞是因二〇%的十字路口所導致，那麼只要集中管理那二〇%的十字路口，就可以大幅改善交通問題。

而帕雷托法則不只可以套用在社會或企業問題上，同樣可運用在提升個人生活品質或讀書學習方面。我知道，許多人一定會期待自己投入多少時間讀書就應該得到等量結果，認為這樣才算公平，但其實按照帕雷托法則來看，這是非常不切實際的想法。

如何讓二〇%的努力，創造八〇%成果？

《80/20法則》（*The 80/20 Principle*）的作者李察．柯克，在過去就讀牛津大學時體認到帕雷托法則的重要性。在經歷過一連串的研究後，最終成為這個領域的專家。在他剛上大學的新鮮人時期，他的指導教授就曾對學生們說過以下這段話：

> 讀書時，絕對不要從頭讀到尾，除非你只是為了好玩，否則千萬別這麼做。要先去了解那本書要傳達的重點是什麼，先看結論，再看序論，然後再回頭看結論，最後再看看自己感興趣的部分。

這位指導教授向同學們強調，單靠書中二〇%的內容，其實就可以看見整本書八〇%的價值何在。

他按照指導教授的建議，分析了歷年來的試題，結果發現八〇%的考題，其實都是出自該科目的二〇%核心內容。站在教授們的立場，根本不需要出不重要的概念當考題，也很難從各個單元中平均分配比重來設計考卷。因此，一定是從最重要的核心內容當中出題目。發現這點的李察·柯克，後來有效提升了自己的學習效率。最後，他比認真埋首苦讀的同學們拿到了更好的成績，並且以最優秀的學分成績完成學業。

人們通常會稱這種學生是因為有小技巧所以獲得好成績，但其實他們只是掌握到世界運作的原理，重點在於你知不知道那二〇%究竟是什麼。如果說，實際上八〇%的結果是來自於二〇%的時間與努力；那麼，其餘八〇%的時間和努力，就代表了只能創造出二〇%的結果，非常不具生產力。關於這件事是值得我們審慎思考的。

要是能將生產力極低的那八〇%時間與努力，提升成高生產力，我們所期望的成果就會加速實現。

如果至今你都非常認真努力讀書，卻不見相對應的成果，或許可以思考以下幾點，重新調整自己的思想與行動。

◆找出有效的方法

許多人會強調自己認真工作，但其實大部分從事辛苦勞動的人，收入都相對較低；愈是聰明、輕鬆工作的人，愈能夠獲得較高收入。拚了命地讀很多書不是重點，如何用最少的時間獲得最大效益，才是你要找尋的讀書方法。

◆無法避免就盡情享受吧

千萬不要抱持著「讀書是不論多麼辛苦也要咬牙苦撐的事」這種觀念，天才贏不過努力的人，努力的人贏不過享受的人，讀書也是一樣的道理。既然決定要讀或者不得不讀，不如就好好享受讀書的樂趣，這樣才能用更少的努力獲得更大的效益。

◆排除不具生產力的活動

回想自己過去投資報酬率相對較高的經驗，找尋能夠發揮最高專注力的時間點是在什麼時候，哪個場所是你可以專心不受打擾的環境，一起讀書時對你最有幫助的朋友是誰等要素，妥善運用這些條件，把低生產力的讀書習慣、妨礙自己的活動等統統刪除。

◆玩樂的時候要盡興

日常生活中最危險的事情莫過於為了趕時間而疲勞駕駛，許多人在學習時會犯的失誤之一就是——對休息抱有罪惡感，不停歇地過度操勞自己的身體，這種人其實不會有多大的成就。不論是自然萬物還是我們的大腦，都需要一定的休息時間才能發揮其正常功能，休息的時候好好休息，玩樂的時候盡情玩樂，才能有高生產力。總而言之，切記一定要優先處理最重要的事。

Just do it

1 / 我是屬於認真讀書還是聰明讀書的類型？

2 / 閱讀完帕雷托法則之後，你領悟到了什麼？

3 / 為了日後能夠有效讀書，有哪些習慣是需要改進的？

05 運用「信號」，就能提高專注力？

看看富人和窮人的書桌，富人的書桌絕對不會堆滿凌亂的文件。

——博恩．崔西（Brian Tracy，作家）

我們家老二在讀國中的時候，他的房間裡貼了一張三人女子團體的海報，有一天我好奇地問他：「為什麼要貼這張海報呢？」結果他的回答是：「因為我喜歡啊，而且光是看著她們心情就會很好。」的確，要是不喜歡、看了心煩的話，就不會貼在房間裡了。

當我們拖著疲累的身軀回家，或者為了準備痛苦的考試而筋疲力竭時，看著牆上貼著的那些海報，心情一定會得到療癒。所以我相信，有許多青少年家裡的牆上很可能也貼著偶像的海報或照片。其實這樣的行為沒有什麼不好，問題是那會成為一種信號制約我們的想法與行為，使我們浪費許多寶貴的時間。這樣說是否有點難懂呢?我們不妨看看接下來這個例子。

如何利用信號誘發你行動?

俄羅斯生理學家暨心理學家巴夫洛夫(Ivan Petrovich Pavlov)做過一項實驗,每次餵狗之前就先響一下鈴聲,重複進行幾次之後,他發現狗只要聽到鈴聲就會開始流口水,並稱此為「條件反射現象」。後來,他更發現人類許多行為也是透過條件形成而學習來的,算是一種條件反射。果真如此嗎?

我們只要一聽到手機鈴聲響起,就會反射性地尋找手機,為什麼會這樣呢?當然是因為我們知道鈴聲等於有人來電的緣故,聽見鈴聲接起電話的行為,和狗聽見鈴聲開始流口水其實是一樣的。

接下來,不妨檢視一下自己每天回到家以後,看見牆壁上張貼的偶像藝人海報會有哪些反應與行為,諸如開始幻想與偶像見面、羨慕他們的成就,或者如痴如醉欣賞他們姣好的體態等。我相信,絕對不會有人看著那些照片心裡想著我要更認真讀書。那麼,要是這樣的行為重複一、二天之後呢?很可能就會像巴夫洛夫的狗實驗一樣,當你看見牆上的海報照片就會自動陷入幻想中。

如果想要把書讀好、達成某個目標，我會建議在牆上張貼能夠使自己產生這種心態的誘發信號才對，比如說，假使你想要成為有錢人，就應該貼有錢人的照片；想成為一名漫畫家，就應該貼知名漫畫家或崇拜的漫畫家照片，這樣才會使自己朝這些目標對象看齊，產生和他們一樣的思考與行動。

我不是巴夫洛夫的狗！

書桌上的物品同樣會變成一種信號，制約我們的想法與行為，假設各位的書桌上放有智慧型手機、信件、水、杯子、吃剩的零食、過期的報章雜誌、用過的衛生紙等，然後課本和筆記本被埋沒在這些雜物堆裡，你一坐下來，看到這些東西會有什麼樣的想法和舉動呢？

許多人之所以要到圖書館或自修室讀書才會比較有效率，是因為周遭兩側都有隔板擋著，防止我們分心的緣故。如果看過賽馬的人就會知道，參與比賽的馬兒都會被戴上眼罩，主要就是為了讓牠們上場時可以集中精神，發揮最大實力，把原本三百五十度的視野縮小到一百度的範圍，使牠們得以專注地朝前方直衝。

讀書也是，要是很容易分心，不妨使用紙張或文件設立像圖書館一樣的隔板，把自己當成是上場比賽的馬兒，頭戴耳機但不要播放音樂，試圖防止自己分散注意力。

當書桌上擺著與讀書無關的手機或音樂播放器時，腦中就會浮現想要聽音樂的想法，而想法會自然觸發產生聽音樂的行為。除此之外，手機也會讓我們不時想要查看簡訊或者打開聊天、社群軟體。當桌面上出現那些有礙讀書的誘惑時，恰好就和巴夫洛夫的鈴聲一樣，而伴隨著那些刺激自動反射的動作則如同狗分泌口水般，如果你也會因那些刺激受到干擾，不妨大聲告訴自己：「我不是巴夫洛夫的狗！」

只在學習時使用書桌的原因

治療失眠問題的行為治療專家們，往往會讓患者撐到實在無法抵抗睡意的時候，才讓他們上床就寢，然後一醒來就讓他們下床，這麼做的用意究竟是為什麼呢？其實，大部分的失眠患者會為了想要多睡一點而提早上床準備睡覺，但是往往會經歷一番痛苦的輾轉難眠，或者儘管早已醒來還是想要多睡一下、賴在床上，久而久之，「床」就不再是發出舒適睡眠信號的物品，反而成為聯想到痛苦難眠的東西，因此就算躺在床上也會頓時睡意全消。不過，如果改成只有在極度想睡的時候才上床躺著的話，床就會變成良好的誘發睡眠信號。

書桌上最好只放現在要做的功課、課本、筆記本、文具用品等，其他統統收到看不見的地方，然後只能在讀書時使用書桌，如果要打電話、看雜誌、聽音樂，最好到其他地方進行。光是這樣執行一個星期，各位就會發現，只要一坐在書桌前，就會自動浮現想要認真讀書的念頭，因為書桌儼然已成為促使你讀書的信號。像這樣藉由控制信號刺激來誘導行為改變的心理治療法，在心理學領域被稱作「刺激控制技術」（Stimulus Control Techniques）。

我們不妨再以電腦桌布畫面為例，假設你為了準備溫習英文打開電腦，結果電腦桌布上顯示著電玩、網路、電影、音樂等程式圖像，那麼滑鼠游標自然而然就很容易跑去點選這些娛樂項目，而忘了學習英文，為什麼呢？除了這些娛樂項目比較顯眼外，也因為它們比學習來得有趣的緣故。

許多學生會在書桌上擺一台電腦，但如果電腦會成為妨礙讀書學習的因素，不妨將它移至其他地方，或者整理一下電腦桌布畫面，清除那些帶有娛樂誘惑的標示，然後放上與學習有關的圖示，網頁的首頁最好同樣改成有助於學習的畫面。

成功者的書桌是什麼樣子？

知名組織專家及時間管理顧問史戴芙妮．溫斯頓（Stephanie Winston），觀察了靠著自身努力與成就當上CEO的那些人他們的一天，結果發現這些CEO都有著一個共同點那就是——辦公桌面都非常整齊簡潔。舉例來說，前美國精靈寶可夢（The Pokémon Company）總裁Akira

Chiba的辦公桌，就是以一大片透明玻璃作為桌面，上面只放了電腦螢幕、辦公用品，以及幾張進行中的專案文件。根據史戴芙妮．溫斯頓的解釋，愈是成功的人，他們的書桌愈乾淨，因為他們總是把事情同樣處理得乾淨俐落。

要是桌上堆滿書籍、筆記、雜誌等物品，當你要找東西時，就會花上許多力氣與時間，而人類的天性本來就不喜歡做這麼勞心勞力的事情，儘管偶爾浮現「來讀一下書吧？」的念頭，也會因亂七八糟的桌面而意志全消。

雖然有句話是這麼說的：「好的開始是成功的一半。」但其實比起開始，更重要的是結束。想要觀察一個人的人品，比起初次見面的第一印象，最後道別時的態度反而更能精準掌握對方；而一個人的工作方式也是如此，從他處理事情收尾時的做法便可判斷。

許多學生會在讀完書以後，把書本和使用過的相關用品統統留在書桌上，然而，讀完書之後最好為自己預留一段整理時間，把桌面整理乾淨，若能事先備妥隔天要帶去學校的課本、筆記或文具用品就更好了。

辦事能力好的人都有一種特質，那就是擅於整理和整頓。雖然從字面上來看這兩個單字很相似，但其實概念上兩者還是有些微差異。整理是把不需要的東西清掉或丟掉，整頓則是把要用的東西排列整齊，以便取用。如果希望功課進步，就得先把和讀書無關的東西整理好，收納在看不見的地方，只留下和讀書有關的課本、筆記本、書寫工具，並且排放整齊。偶爾不妨環顧一下四周，想想哪些物品適合放在哪裡，也許它們就能回歸到自己最適合的位置。

每天下班前我都固定會把辦公桌面整理乾淨，花點時間回想這一天都做了什麼事，並確認隔天要做哪些事，然後才會關上研究室的大門離開。這段結束一天的儀式，其實只要五分鐘就夠了，這麼做有兩個好處。第一，可以藉此了解自己一天做了好多事，帶著自豪、滿足的心情下班；第二，隔天進辦公室上班時能夠馬上投入工作。有時沒有好好整理就直接離開公司，隔天一早到辦公室看著亂糟糟的桌面，常常要花上三十分鐘左右才能真正進入工作狀況。

大家不妨在結束一天的學習後，養成習慣**花五分鐘時間整理自己的**一天，相信你一定能體驗到驚人的改變。

Just do it

1 / 試著舉出需要整理桌面的三個理由。

2 / 我的書桌上有哪些東西是要丟掉、留下的？

3 / 我的電腦桌面有哪些捷徑圖示需要刪除？
更換成哪些圖示會比較好呢？

06 集中力是本能，只要我們懂得使用

全神貫注在你所做的事情上，
陽光要聚焦在一個點上，才會冒出火花。
——亞歷山大·格拉漢姆·貝爾（Alexander Graham Bell，發明家）

許多學生會邊聽音樂邊讀書，因為他們認為這樣就可以同時做兩件事，然而，根據心理學研究結果顯示，這樣的想法是錯誤的。

雖然每個人的情況不盡相同，但是在特定情況下，每個人能夠使用的專注程度是有限的。當我們專注在某件事情時，就無法投入同等的專注度在其他事情上，這在心理學領域稱「注意力減弱模式」（Attention Attenuation Model），根據這個模式所顯示，邊聽音樂邊讀書，不僅會使注意力分散到聽音樂這件事情上，投入讀書的專注力也會減弱。

假如只是做一些機械式行為，例如抄寫筆記等不需要特別思考的事情，還可以邊聽音樂邊做，因為這種事情只需要投入極少的注意力。然而，當我們在解數學題目或者背英文單字等比較需要用到大腦的學習時，音樂就會變成一種阻礙，因為做這些事情需要投入更多的專注力。

我們的大腦要是發現極具吸引力的事物，隨時可能會轉移注意力，就算多麼認真苦讀，只要是邊聽音樂邊進行，一部分的注意力還是會被音樂搶走，當有趣的歌詞出現時，注意力也會瞬間轉移至音樂。所以比起古典音樂，西洋流行音樂會更容易影響我們讀書；比起西洋流行音樂，國語流行音樂會更有礙學習（這個前提是英文比國語不容易聽進耳裡）。

讀書時不宜聽音樂的另一項原因，是因為心理學家鄧肯．格登（Duncan Godden）和艾倫．巴德利（Alan Baddeley）曾經做過一項實驗。他們找來一群潛水員進行記憶測試，一組在二十呎深的水中背單字，另一組則是在陸地上背單字。

經過一段時間後，他們測驗潛水員究竟還記得多少單字；接著，兩組再各別拆成兩小組，讓一半的人在水裡、一半的人在陸地上接受測驗。

結果發現，原先在水裡背單字的人，同樣待在水裡進行記憶測驗時能夠想起更多單字；在陸地上背單字的人，則繼續在陸地上測驗比較能想起更多單字。而且，在當初背單字時相同環境下接受記憶測驗，會比在不同環境測驗時多記起五〇％的單字量。

像這樣和學習情境一模一樣時，記憶會更清晰的現象，在心理學上稱之為「情境關聯記憶」

（State-Dependent Memory）。換言之，邊聽音樂邊學習會出現兩個問題：第一，注意力被分散；第二，考試時也會不容易想起答案，為什麼呢？因為沒有任何一個考場會播放你讀書時所聽的歌曲。

專注力是你的本能，要懂得使用

「我是個缺乏專注力的人。」

「不論多麼努力都無法專心。」

對讀書感到痛苦不堪的學生，最常抱怨的就是覺得自己無法專心。而這種學生往往以為專注力是某種與生俱來的能力，不管多麼努力也難以改善，就像智商一樣是終身無法提升的能力。

試問各位，以前是否有過打電動打到忘記時間，錯過回家或去補習班補習的經驗？是否有過看小說或漫畫看得忘我，就連爸媽在叫你都沒聽見的經驗？或者滑手機、上網而超過平常睡眠時間？看著喜歡的電影或電視節目，完全忘記要吃飯、甚至沒有感覺到肚子餓呢？

如果你有過上述情形的任何一項，就表示你有能夠全神貫注的能力，因為會入神著迷一件事情到連其他人喊你的名字都聽不見、過了多長時間也不曉得，證明你是有專注能力的。

但是為什麼讀書時會難以專注呢？我們從前述所舉的例子當中就可以發現，前提都是你要覺得夠有趣才會使你專注投入，但讀書是被你認定為不怎麼有趣的事情，所以才會難以專注。說的再精確一點，**你並不是缺乏專注力，而是你選擇不要那麼專注**。

無法專注？想想放大鏡原理

南宋理學家朱子曾說：「陽氣發處，金石亦透。精神一到，何事不成！」意思是在發出陽氣之處，金石都可透，只要專注精神，有什麼事情辦不到。

還記得女兒讀國小時的某一天，她唉聲歎氣地向我抱怨，要寫的功課明明堆積如山，但內心很想出去玩，害她老是無法靜下心來讀書，像隻小老鼠一樣不停地在冰箱和廁所附近徘徊。

聽到她的苦惱，我請她拿一支放大鏡過來，並和她一起走到陽台。當我準備把放大鏡放在她手上時，她立刻收起手來表示不願意，「這樣會很燙啦！」我問了她原因，她回答：「因為光線會聚焦在同一個點上，當然會燙啊！」

於是我告訴她，其實專心也是一樣的道理，光靠一般的太陽光是無法使紙張燃燒的，但是只要藉由放大鏡將光線聚焦，就絕對可以使紙張冒出火苗。做功課也是，我們只要聚精會神去做，很快就可以完成。

我為了向她說明放大鏡與專注力原理有何共同之處，又進行了幾項實驗。當陽光沒有聚焦、放大鏡的位置不斷左右偏移、使用白色而非黑色紙張時，都很難使紙張起火燃燒，而這就好比讀書時要是沒有抱持好奇心、掌握關鍵核心、持之以恆，就不會有好成績是一樣的道理。

想像自己聚焦成「雷射光」……

雷射光是只會產生一種波長的光，可以用來切割鐵板，經常出現在科幻電影裡。而所謂雷射式思考，其實就是指在有限的時間內，全神貫注在一件事情上，因為不論任何事，成果往往都是與專注程度成正比，和投入時間長短無關。

雷射（LASER），其實是英文「Light Amplification by Stimulated Emission of Radiation」縮寫，也就是「經由受激輻射方式將光放大」的意思，簡單來說，是刺激物體的原子、分子，把大量的光聚集在一起，在雷射管中把光放大，同時往同一個方向發射的原理。

雷射光與自然光的特性不同，首先，自然光是由好幾種顏色的光混和而成，但雷射是單色光；第二，它是指向性的，像手電筒的

如果想要用放大鏡燃燒紙張	如果想要專心讀書
最好使用容易吸收光線的黑色紙張	抱持好奇，賦予意義
要使陽光聚焦在一個點上	掌握核心，全力以赴
要固定住焦點，不能飄移	持之以恆，專注投入

燈光是愈往前愈發散，但是雷射光不會發散，會持續聚焦；第三，它是均一性的，由於雷射光的相位（Phase）均一，所以只要稍微碰觸到障礙物，就會馬上產生干涉，然而太陽光或一般光線的波長、相位千變萬化，所以很難產生干涉；第四，它是能源集中及高亮度（Brightness），要是把太陽光用放大鏡聚焦，頂多只能使紙張或木頭燃燒，但是雷射光的能源密度高，就連鐵板也能燒破。

雷射光的這些性質可以被運用在各種領域，包括活動中的雷射光秀、在CD上輸入資料或讀取資料、切除眼睛視網膜上的腫瘤或體內癌症，或者可以用來切割很厚的鐵板、在堅硬的寶石上鑿出一個小洞。雷射之所以可以運用在如此廣泛的領域上，是因為它有聚集能源，也就是聚焦的功能。我們只要能像雷射光一樣專注，就沒有什麼事情是辦不到的。

你缺少的不是專注力，而是方法

關於如何提升專注力這件事，我有兩個建議：第一，不要說自己「缺乏專注力」，要說自己「沒有專注在某件事情上」；第二，盡可能找出能使自己發揮最大專注力的方法，因為我們不是專注力不足，而是端看自己要不要專注投入罷了。

◆尋找非做不可的理由

一旦腦海裡充斥著「好討厭」、「做這個幹嘛」的念頭，就絕不可能專注。要是有某件事情讓你覺得應該要專心去做的話，首先就得找出非做不可的理由。千萬不要硬著頭皮、心不甘情不願地，要是你找不到讀書的理由，不如乾脆創造一個。那些能夠維持高度專注的人，都有著一項共同點：誘發動機的策略，讓自己對即將執行的事抱持高度興趣與好奇。努力的人再怎麼努力，也贏不過享受的人，而享受的人再怎麼努力，也贏不過迫切需要的人。

◆排除造成注意力分散的因素

如果想要在固定時間專注讀書，就得把容易使你分散注意力的刺激及誘惑統統排除，舉凡像是先把桌面上與讀書科目無關的所有物品移開，接著把手機、音樂關掉，放進看不見的抽屜裡。要是窗外有著迷人風景會吸引你的目光，就不妨拉上窗簾，用桌燈照亮課本。想要上課時可以專心聽課，建議可以與老師四目相交、適時地點頭做回應。

◆一開始先以「五分鐘策略」進行

假如你是屬於非常不容易專注的人，一開始可以先從「只專注五分鐘」來練習，五分鐘後就讓自己稍做休息。其實，若在開始投入某件事情以前就已經難以集中精神，表示你對於要全神貫注這件事感到排斥或有壓力，與其硬著頭皮坐在書桌前一小時，結果什麼也讀不進去，不如告訴自己專心讀五分鐘就好。先養成短期專注的習慣，之後再循序漸進拉長專注時間就可以了。

◆找出自己比較容易專注的時機

專注的時間長短，其實會因人、讀書內容而異。平常在讀書時，最好先確認一下自己一口氣可以專注多長的時間，也就是讀多久以後會開始分心，當你了解自己的專注時間最久可以多久時，自然而然就會在那段期間保持專心。

◆一小時休息一次

雖然每個人的專注時間長短不一，但是大部分的人平均在維持六十分鐘的專注力之後，就會開始出現注意力散漫的現象。因此，大部分的學校都是以五十至六十分鐘為單位，作為一節課的時間，一旦過了五十分鐘左右，就得暫時離開座位，喝口水、散個步、閉上眼睛放空、聽音樂等，讓自己小憩一下，或者做一些伸展運動，活絡一下身體，使自己放鬆才行。

各位不妨試著在牆上畫一個小點，然後什麼也別想，專心凝視那個小點五分鐘，你一定會感受到身體的疲勞有效得到舒緩，專注力也會重新提升。雖然學生之間流傳著一句玩笑話：「讀書不是靠腦袋是靠屁股。」但其實如果屁股坐在椅子上太久，學習效率也會變得低落。

◆一旦發現自己專注力下滑，就改做其他事

要是讀書讀到注意力減弱，已經難以再集中精神的話，不妨暫時休息一下，也可以換個科目或改做其他事情。到現在我還是保持著一旦發現自己讀書讀累了，就馬上起身離開座位的習慣，我通常會暫時跑去整理書櫃或回覆電子郵件，不然就是打掃房間做點其他事情，然後再回來讀書，那麼又可以重新全神貫注。

Just do it

1 / 我是屬於專注力好還是差的人呢？

2 / 為什麼我是屬於專注力好的人？
或為什麼我是屬於專注力差的人？請列舉三個理由。

3 / 現在的我，可以嘗試做什麼事情來提升自己的專注力？

07 上課前要「？」，下課後要「！」

提問者免不了要回答。

——喀麥隆（Cameroon）諺語

有許多學生自認勤勉讀書、認真家教補習，但成績仍不見起色而不時抱怨，這些學生大多忽略了學校課程的重要性，或者不曉得如何有效運用上課時間。事實上，多的是上課時傳簡訊、傳字條、嬉鬧、打瞌睡的學生，當然每個人都有各自的理由。

「因為上課實在太無聊。」

「其他科目比較重要。」

「自己讀還比較有效。」

「就算認真聽也聽不懂。」
「那些內容我已經都會了。」
「不想被同學認定為模範生。」

這其實是因為他們不曉得學校課程的重要性，以及怎樣才能有效利用課堂時間所致。

懂得利用上課時間的重要性

你可以從許多學測滿分的學生口中得知，他們平時在學校都是認真上課的，各位或許會認為，這應該只是他們嘴巴上說說的而已，但事實上他們確實重視學校課程。你可以環顧一下周遭成績優異的學生，觀察他們上課時的態度，相信不難發現他們的確認真聆聽學校課程，這件事究竟為何如此重要呢？

首先，一天當中投入最多時間的事情就是在學校上課，所以如何運用上課時間是決定學業成績好壞的關鍵。在課堂上，我們可以學習新知、整理筆記、背東西、猜考題等進行各種與學習有關的活動，既然無論如何都必須進教室上課，就該有決心和智慧去把老師所教的知識盡可能內化成自己的。

第二，正因為上課是一天當中占最多時間的主要活動，所以面對上課的態度會延伸至教室外，對學習造成超乎想像的影響。如果對於自行選擇走進教室裡上課這件事都滿腹怨氣、課堂上覺得無聊就打瞌睡、嬉鬧，那麼課堂以外的時間八成也很可能是這樣度過的，這在心理學領域稱為「一致性原則」（Consistency Principle）。

第三，就算老師再怎麼無趣、不會教，他都是該科目的專家，也是負責出考題的人，出題者一定都會從自己在課堂上再三強調的重點出考題，這是人之常情。而在校成績也會因每一位老師的評分標準不同而有異，所以如果要提升在校成績，就必須得認真上課。

第四，有些學生認為老師教的東西自己都會了，所以不需要專心聽課，但其實這樣的想法並不正確，成績排名前段的學生會把上課時間當成確認自己所學、複習確實記住內容的過程，所以就算老師講的是自己已經會的內容，還是會專心上課。

我知道有些學生會認為上課就是要學習新知，要是得不到新知識，就會三心二意，但這種學生往往很難擠進前段排名。

失敗者抱怨，成功者享受！你怎麼面對上課？

面對自己該做的事情，有些人會習慣性地抱怨：

「一定要做這件事嗎？」
「反正做了也沒用啊。」
「真是夠了。」
這些人都是注定走向失敗。反之，也有人是這麼想的：
「這是我選擇的。」
「既然不論如何都要做，那就想辦法做得有效率一點吧！」
「逃不掉，就享受！」
「反正再無聊的事情還是要看你用什麼心態去做。」
這些是成功人士往往會替自己的內心喊話，面對學校課程，我們也可以秉持同樣的態度，讓自己讀書讀得更有效率。
接下來，讓我們看看哪些態度會對學習有幫助。
◆上課前要「?」，下課後要「!」
進教室上課前，可以先列出關於學習內容的一些提問，例如：「要學什麼？」「哪些內容是重點？」「為什麼？」「哪些內容會出成考題，以什麼形式呈現？」若是能抱持著這些疑問走進教室，自然而然就會專心聽課。
然後在課堂結束時，也才會帶著「喔！原來如此！」的驚嘆號走出教室。這麼做，上課自然會變得有趣許多，喀麥隆有一句諺語是：「提問者免不了要回答。」

◆上課前要先複習和預習

上課前最好先複習上一次所學內容，並預習接下來要上的課程，就算只是大略看過也好，只要知道當天要上的內容是什麼，就能有助於理解老師上課所做的說明，也可以更專注聆聽自認為困難的部分。

大多數的教學課程都有一連串符合邏輯的系統，所以複習和預習的動作可以使我們預先掌握整體內容，並幫助我們更容易把課堂上的解說消化成自己的知識。

◆下課後回想一下在課堂上所學的內容

許多學生會在下課鐘聲一響就馬上衝出教室，有些人甚至是趁老師才剛說「最後……」或「今天的課程到此……」，就早已把課本闔上，隨時準備好要奪門而出。我誠心建議大家，就算已經下課，還是試著把屁股暫時黏在椅子上，回想一下剛才在課堂上都學了哪些內容和重點，並且重新看一遍上課時所做的筆記，因為這個動作只花你二至三分鐘，卻會替你們創造出讀書二至三小時的效果。

切記，人類在經過二十分鐘後就會忘掉所學內容四〇％的事實。

◆以開放的心態去上課

千萬別在還沒上課前就預設立場覺得一定會很無聊，也別想著老師多麼不會教、多麼無趣，當老師確實教得無趣時別想太多，把它當成是這位老師的教學風格即可。記得，不要把力氣浪費在沒有意義的事情上，我們只要專注在自己可以從老師身上學到什麼就好。

◆爲了專注聽課，最好和老師四目相交

其實聽課聽久了，很難維持同樣程度的專注力，因為人類在有限時間內可以述說的單字量與聽取的單字量是有落差的。通常人類一分鐘可以說出約莫一百五十個單字，但是一分鐘能夠聽到的單字卻是六百個字左右，這就是為什麼我們在聽別人說話時，會有很多時間可以同時去想其他事情的原因。

為了有效防止注意力分散的情形發生，最好的方法就是和老師有眼神上的接觸，並專心做筆記、寫重點。

◆準備問題，和老師保持良好互動

留下長久記憶的最佳方法就是提問，當自己的問題獲得解答時，就會變成想忘也忘不掉的記憶。

如果遇到難以理解的內容，不妨主動向老師詢問。你擔心會被老師羞辱嗎？覺得問題實在太愚蠢？舉手發問太害羞？放心，大部分的老師都喜歡學生問問題，因為表示對他教的課程有興趣才會提問。要是覺得在課堂上舉手發問太害羞，不妨利用下課時間私下找老師，或者發一封電子郵件問老師也可以。

為了提出問題，你會變得更用功，和老師之間的關係更緊密，自然而然，就會更認真學習該科目，形成一種良性循環。

◆注意老師的口氣變化或重複強調的內容

人們通常在述說自認非常重要的事情時，會不由自主地改變說話口吻，像是突然放大音量或者突然壓低嗓音，這都是為了吸引聽者注意。老師在課堂上同樣會針對一定要熟記的內容、必要知道的重點、考試容易出的部分，反覆強調或者畫線標示、圈出來等，藉此暗示學生。事先掌握各項科目的老師習慣用什麼方式暗示學生，也是聰明聽課的方法之一。

Just do it

1 / 平日上課有哪些態度是好的？

2 / 平日上課有哪些態度是不好的？

3 / 設定一個科目，寫下上課前要準備哪些提問。

Chapter

4

讀書怎麼變有趣？跟著我的腳步找到你的「學習槓桿」

學習和旅行一樣，同樣有著預計抵達的目的地，
還沒掌握整體輪廓就投入學習旅程，
這就和毫無事前準備便展開旅行是一樣的意思……

LOADING..

政宇啊，

讀書很辛苦吧？

世上有許多難題，

有些人卻可以處理得易如反掌，

仔細觀察這些人就會發現，

他們都有著一個共同點，

就是他們都有一個槓桿，

懂得如何花最少力氣創造最大效益。

只要找對方法，

說不定讀書也會變有趣，是吧？

01 利用心理學，讓你找到有效讀書法

所謂發現，就是看見每個人都看見的東西，
卻能想出沒人想到的想法。

——艾伯特．聖捷爾吉（諾貝爾生理醫學獎得主）

「不管多麼努力，成績還是無法提升。」

「讀過很多遍，還是記不起來。」

「就算多麼認真準備，一到考試時，大腦就是一片空白。」

許多學生都會這樣怨聲載道，怪自己的頭腦不夠聰明，也就是智商有問題，但真是如此嗎？

有些人偏偏就是可以把困難的問題簡單解決，包括戀愛、事業、讀書都是，因為他們都有一個共同點——擁有自己的「槓桿」。

什麼是槓桿？就是花最少力氣做出最大成效的方法。

所有的學習都是從讀書開始，因此，如果想要讓自己聰明學習，自然需要先了解有效閱讀的方法。

接下來要介紹的這套閱讀法——PQ3R 技法（編按：較常被稱為 SQ3R 方法，瀏覽〔Survey〕、提問〔Question〕、閱讀〔Read〕、背誦〔Recite〕、複習〔Review〕），是由心理學教授羅賓遜（Francis P. Robinson）所提出，已經被證實為是最有效的閱讀方法。在說明這套方法以前，請先把接下來的標題閱讀一遍，然後猜猜看會是什麼樣的內容、具有什麼意義、為什麼重要等，先在心中設想幾個問題再開始閱讀。

Preview：大致看過，掌握整體脈絡

前往陌生地或登山時，我們一定會先把地圖攤開來確認路線，尤其是很會認路的駕駛人，都一定會在發動車子引擎前先確認好怎麼走，這樣才能節省時間、減少迷路的機率，之後也不會忘記沿途走過的路徑。

閱讀其實也是一樣的道理，許多人一拿起書就會從第一頁的第一行開始讀起，這就好比準備啟程前往陌生地的時候，不顧一切先出發再說是一樣的。為了能好好閱讀一本書，我們其實

需要做點事前功課，先大略看看大綱和目錄，掌握整本書的架構與脈絡後，再來仔細閱讀內文。

如果書中有摘要重點，就可以先看看那些重點，然後再藉由目錄推測大標與小標之間有何關聯，會介紹什麼樣的內容等，讓自己心裡有個底，知道今天要讀的內容有哪些，記得不要給自己太大壓力。

Question：拋出疑問，設定問題

仔細閱讀內文以前，還必須經過一個階段就是「設定問題」。之所以這樣做是為了掌握整體內容，透過大標題、小標題或重點摘要事先擬好問題，進而猜測會是什麼內容。「這是什麼意思？」「為什麼那是重點？」「前後文會如何串聯？」「要如何實際套用？」等，像這樣提出疑問再閱讀的人，會比沒有這麼做的人記得更多內容，印象也更為深刻。

不論讀書還是日常生活，有印象就表示已經做好隨時可以回答的準備，先抱持著問題再學習，不僅可以刺激我們的好奇心，還能促進對內容的理解度，同時更容易留下深刻印象。

互不相識的人在初次見面時，往往會先做簡單的自我介紹，握手寒暄一番，但十個人當中就有九個會在握完手以後，把對方的名字忘得一乾二淨。然而，擅於記住別人名字的人則不同，他們會想辦法讓自己留下記憶，比方說繼續追問對方「那請教一下您的名字是哪個字？」這麼

做不僅更容易記住對方的名字，還可以藉此拉近彼此的距離。自行設定問題並尋找答案，會比單純機械式的閱讀、默背來得更容易記住。

知名心理學家約翰．布蘭斯福（John Bransford）曾以國小學生為對象，進行過一場實驗，最後證明設定問題確實會對人類記憶造成影響。

實驗進行時，他先播放了一段文章，測試學生們記得多少內容；然後實驗進入第二階段，他加上了「和藹可親的人買了牛奶」這樣的標題，然後設定問題：「和藹可親與買牛奶究竟有何關聯？」再讓學生們默背文章，最後他發現相較於前一次機械式地反覆背誦文章，先設定問題再去記內容的方式明顯有效許多。

因為一旦設定好提問題目，學習內容就會變得更具意義也更有系統。像這樣透過精緻化（Elaboration）過程有效促進記憶的技法，在心理學上稱為「精緻化策略」（Elaboration Strategy，編按：把要記憶的事物意義化，想成一幅景象或是加上語文線索製造連結幫助記憶）。

Read：尋找問題的答案，仔細閱讀

閱讀的第三階段是精讀。許多學生以為，學習的第一個步驟便是精讀，然而這樣的想法是錯誤的，精讀不僅不是學習的第一步驟也不是最後步驟，更不能把它當成是最重要的步驟。

為了學習而閱讀和單純閱讀一本武俠小說，兩者是截然不同的事情，假如想要讀好一本書，就得抱持著「尋找答案」的心態來閱讀，也就是針對老師、作者或者自己拋出的問題去找解答，這樣才能夠達到主動式閱讀。

精讀階段要做的事情是，從過去既有知識與當下正在閱讀的內容之間尋找關聯性，然後分辨哪些是重點、哪些不是重點，把重要的部分用螢光筆標示，或者畫底線、標上特殊記號，讓自己不要淪為被動閱讀，主動觀察前後文的脈絡，和其他內容進行比對、批判性思考，這麼做才會記憶長存。

Recite：回想內容，反覆背誦

為了讓自己確實理解學習內容並且有效記憶，必須適時地中斷閱讀，然後嘗試默背。

默背方式是以第一步驟事前預習時所掌握的整體架構為主，一邊整理各個篇章主題或階段內容所設定的問題解答，一邊讓自己牢牢記住。閱讀過程中不妨偶爾停下腳步，闔上眼睛或書本，回想自己閱讀過的內容，反覆背誦，藉此確認自己還想得起來或忘了哪些內容，千萬別想要一口氣把整本書讀完。

要是等整本書都讀完再來默背就太遲了，因為我們的短期記憶容量非常有限的，閱讀過程中就會有許多地方被我們遺忘，但也切記不要每讀完一段就進行默背，因為過於頻繁的背誦反而有礙掌握整體內容。

Review：重新檢視整體內容並複習

所謂重新檢視，表示這是最後一個階段，也是進行「回味」的步驟，就像學生們在考試前夕複習重點是一樣的概念。

複習是一種概括的觀察，如果說第一步驟的事前預習是閱讀前的概觀，那麼複習就是對所學內容進行全面性的概觀。

複習時可以從前面讀過的章節或小標大略看起，回想那些段落談到哪些內容，小標之間有何關聯，用自問自答的方式進行回想會更有效。最重要的是找出自己不知道、忘記的部分，然後針對這些想不起來的內容進行默背。因為複習時想不起來的內容，很可能是考試時會出的考題或未來需要想起的重點。

Just do it

1 / 我平時是用什麼方式閱讀，有無任何問題？

2 / PQ3R 技法是取自哪些英文單字的字首？

P：

Q：

R：

R：

R：

3 / 試著從 PQ3R 技法當中，寫出對自己最重要的三個步驟。

02

學習一樣需要地圖，帶著好奇心預習吧！

觀看（see）是一件容易的事，
但要能預知（foresee）就不容易了。

——班傑明．富蘭克林（美國博學家）

在進入正題以前，我們不妨先來做一項實驗，請各位試著閱讀以下這段文字。

步驟其實很簡單，首先將它分成好幾類，當然，這會依照處理量的多寡而不同，但一杓就夠了。要是沒有相關設備，你可能就得去其他地方進行，不需要的話就表示已經幾乎準備得差不多了，重點是最好別太勉強，比起一次處理過多的量，不如少量分批進行。這件事情短期做還不覺得有什麼困難，但要是長期做就會覺得有些厭煩，而且要是一個不小心，很可能就會損失慘重。

剛開始，你可能會對整體過程感到繁瑣複雜，然而，很快就會變成你日常生活當中的一部分。或許目前你可以暫時不需要做這件事，但也未必。做完這些步驟以後要把物品重新整理好歸位才行，然後保管在適當的空間裡。這些東西一定會被你再度拿出來使用，而這一連串過程也會日復一日地上演。沒辦法，這就是我們生活中的一部分。

接下來，請把書本闔上，拿一張空白紙，把剛剛讀過的內容盡可能寫下記得的部分。

都寫好了嗎？

我相信你剛才一定讀得一頭霧水，不曉得自己看了什麼內容，更別說要留下記憶了，應該沒什麼印象對吧？

現在，請重新翻開這本書，然後把上面那段內容再重新讀一遍，這次可以邊讀邊猜究竟是關於什麼主題，把答案填寫在下方空格欄位處。

希望你可以試著猜猜看，不要用一句「不知道」就輕言放棄，重要的是

上頁那段文章究竟是在說明什麼？試著用一個單字寫下該文章的主題。

訓練自己閱讀完一篇文章以後，試著去猜測背後帶有什麼樣的意涵。

其實那段文字是在說明洗衣服的過程，你猜對了嗎？

現在，請重新讀一遍那段內容，然後再把書闔上，把你記得的內容寫在另一張空白紙上，並與上一張你所寫的內容做比較。

如何？哪一次記得較多的內容呢？

不用說也知道，一定是後面那次記得更多。記憶心理學家約翰．布蘭斯福就曾以前面那篇文章進行過實驗，他把受試者們得到「洗衣服」提示以後的記憶量，與沒有任何暗示時做了一番比較，最後發現「提示」不僅能夠使人們更容易理解，還能記住兩倍以上的內容。

究竟是什麼原因呢？

因為難以捉摸的內容會使人讀得一頭霧水，在搞不清楚狀況的狀態下也很難記住內容。以這個例子說明，就能明白為什麼我要強調預習的必要性了。

如果還是無法完全信服，不妨再試試看接下來這項簡單的實驗。請將以下這些英文字母重新排列組合成正確的英文單字。

1. lapep
2. gaoren

3. uncotco

你猜到答案了嗎？還是太難呢？

我給你一個提示，這三個單字都屬於水果種類。怎麼樣，是不是有比較容易猜到答案了呢？

把英文字母重新組合成單字的答案是：

1. apple
2. orange
3. coconut

讀書和旅行一樣需要地圖的理由

同樣開在一條陌生的道路上，有些駕駛就是可以悠閒自在地找到對的路，有些駕駛則像個無頭蒼蠅一樣焦急徘徊，這兩種駕駛人之間只有一個差別，那就是前者一定會在出發前看過地圖，後者則屬於先把車子開上路再說的類型。

讀書其實也是了解陌生事物的過程，同樣有著預計要抵達的目的地——讀書目標，因此我們可以把學習看成像駕駛一樣是一段旅程。要是在尚未預習的情況下就走進教室、還沒掌握整體輪廓就投入學習，那麼，這就和毫無事前準備便展開旅行是一樣的意思。

大家都有拼過拼圖吧？當我們毫無頭緒、不知該從何拼起時，心裡往往會浮現這樣的念頭：「要是能看一眼完成圖就好了……」「要是誰能給我一個提示就簡單多了……」然後切身體會到原來事前在腦海中勾勒出完成圖，是多麼重要的一件事，因為拼圖恰巧具有這樣的特性——要是亂槍打鳥式地進行，就會花上好幾個小時才能拼完，但要是有提示、可以透過拼圖塊猜到完成後的樣貌，就會更有效、更快速地拼完。

讀書學習就和玩拼圖的概念一樣，每年一到學測，那些拿下高分的學生就會接受媒體採訪、寫成新聞報導，他們在採訪時往往都會異口同聲地強調預習的重要，這絕對不是嘴巴上說說，而是他們親身體驗過預習是多麼重要的一件事。

想提升九〇%理解力？去預習吧！

「就算我孜孜不倦地學習，都還是無法提升成績。」

「我的同學好像都沒我這麼認真，但他的成績卻比我更好。」

當然，學習量與考試成績成正比是常識，但是光靠努力就想得到亮眼成績是不大可能的事。

根據我的觀察，就算認真讀書成績也沒有多大進步的學生，往往都是讀書時沒有事先預習的習慣，不然就是不懂得有效預習所導致。

許多人之所以會輕忽預習，是因為以下幾點理由。

第一，不曉得預習的必要性。最令我感到訝異的是，至今仍有許多學生會以為讀書就是靠努力，只要夠努力，一定能拿到好成績。然而，想要好成績就和想成為有錢人一樣，努力固然是不可或缺的因素之一，但是**「技巧要領」才是真正左右一個人成績是否名列前茅、賺大錢的關鍵因素**，因為光靠認真埋首工作，未必一定能成為富豪；為了把書讀好，首要知道的是為什麼需要預習。

第二，你可能已經知道預習的必要性了，卻把預習這件事情想得太有壓力。許多學生明知道預習的重要性，但對於付諸執行感到困難，主要是因為他們誤會了預習的概念，比方說誤以為要在正式學習前把所有內容統統理解清楚，或者把不會的英文單字統統先查好……正因如此才會對預習備感壓力，但其實根本不必給自己這麼大的壓力。

第三，因為對預習抱持負面態度。許多學生會在預習前就先抱怨：「真的有必要嗎？」「應該沒用吧……」自然而然就不想做這件事。為了能有效進行預習，我們要先改變看待預習這件事的態度，從消極負面轉成積極正面，告訴自己「看不懂也無所謂，只是大概看看而已」，或者「發現哪裡有不懂的地方也算是另一種收穫」。

其實不只學生會認為複習是學習過程中最重要的環節，就連許多家長都會對子女強調複習的重要性，但是比起複習，**預習才是真正扮演提升成績的關鍵角色**。

根據某日刊雜誌的調查結果顯示，預習可以比複習有效提升成績三至七倍。有事先預習時，學習理解力是九〇％；沒有事先預習時，學習理解力則不到五〇％。班上的資優生和次等生是依照記得多少上課內容來區分，而這份記憶力就是靠上課時的理解力來決定。預習不僅可以增進我們的理解力，也可以使我們積極參與課堂上老師對同學們的抽問，這樣的舉動會使我們更專注聽課，進而獲得自信，甚至與老師維持良好關係，簡直是一舉多得。

有效預習的四大方法

成功企業家在開啟新事業的時候，一定會預先想好結果並邊做記錄，事後再和實際結果進行比較，查看成果和自己當初預想的落差多少，這樣才能知道自己做對以及做錯哪些決策，以及哪些地方沒做好需要補強等。

讀書也是，透過預習可以先區分出自己已知與未知的內容，以及自己擅長與不擅長的地方，這就是決定讀書成敗的關鍵。

透過預習還能得到另一項好處，那就是節省時間。事先自行預習過以後再上課，理解力和記憶力都會明顯提升，可以節省很多時間去理解、記憶。因此，預習不僅可以提升學業成績，就連玩樂的時間也自然變多了。

我們會在知道自己哪些內容會、哪些不會的情況下，更專注聆聽，更具有好奇心，這就是為什麼預習可以使人更認真聽課的原因。不僅如此，誠如前文所舉的例子——「洗衣服」的文章，增進記憶力也是預習的一大好處。

那該如何讓自己養成預習的習慣呢？其實就和騎腳踏車初學者的心態一樣，先試試看再說。要想養成一項新習慣，就會經過以下四個階段。

◆**第一階段：沒有意識／沒有執行**

不打算學騎腳踏車，覺得自己根本不可能學會騎腳踏車的心態，就等同不知道預習的重要性，以及從來不預習的階段。

◆**第二階段：有意識／沒有執行**

想要學騎腳踏車但還沒有嘗試，也就是知道預習的重要性，卻還未身體力行的階段。

◆**第三階段：有意識／有執行**

知道要認真學，才不會從腳踏車上摔下來，屬於不斷嘗試預習功課，卻還是對預習這件事感到困難的階段。

◆**第四階段：沒有意識／有執行**

不用再靠刻意努力，就能駕輕就熟地騎腳車，屬於不用再靠意識上的自我督促，也能習慣性預習功課的階段。

預習，其實只要試過就會愈來愈熟悉，如果現在的你還不到那樣的階段，不妨使用以下幾種技巧來練習。

◆爲嘗試賦予意義

一開始最好不要操之過急，過度執著於預習成果。上課前，只要大略用眼睛掃過課本裡的大標、小標、圖片和圖表，以及特別被標示出來強調的主要概念，就等於有做到預習這件事。

為了讓自己愈來愈習慣預習，剛開始時不能花太多力氣去做這件事，因為一旦對預習留下痛苦的印象，自然而然會不想再執行。你可以當作是大概看看有哪些內容，光是這樣就足以改變上課和學習態度。

◆把已經會的和不會的內容區分出來

在大略看過內容的過程中，區分出自己有哪些是已經會的，哪些是從未學習過的。預習數學時，不妨注意自己通常都在哪個步驟卡關；預習英文時，同樣注意自己哪些句子看得懂，哪些句子看不懂。當你發現自己全部都不懂的時候，那也無所謂，因為光是知道自己都不懂，便足以提升上課時的專注力。

◆寫下要問老師的問題或補充的內容

把課本上難以理解或有疑問的地方、解題時遇到的問題等，另外標示出來或寫在筆記本上。接著，每次至少準備兩個問題，讓自己可以在課堂上舉手發問，或者自行找參考書進行補充。這麼做會比什麼都不預習時帶來更明顯的成績提升。

◆利用已經知道的內容，推測不知道的內容

大略檢視完自己過去所學的內容以後，不妨預測接下來要學的是什麼。

舉例來說，假如你預習的是英文，就不用把所有不會的單字都先查好是什麼意思，只用自己看得懂的單字來猜測內容即可，儘管最後發現自己猜錯也無所謂，簡單的動作就可以使你產生興趣，想要在課堂上確認自己的推測準不準確，哪些地方猜對、哪些地方猜錯，理解力與記憶力也會自然跟著提升。

Just do it

1 / 預習可以使我們得到什麼好處，請試著列舉三項。

2 / 當預習時間不夠時，該如何進行預習？

3 / 運用前面介紹過的預習方法，
思考接下來該如何預習，並寫下具體執行方法。

03

別相信你的記憶！熟記內容的訣竅

我無法創造出來的東西，
我也沒辦法徹底了解。

——理查．費曼（Richard Phillips Feynman，物理學家）

讀書學習就好比是在一片原始森林裡開拓道路，就算沒有人走過的路，只要反覆用雙腳踩踏，那些足跡就可以開闢出一條小徑。然而，就算是多麼精心開闢的道路，只要乏人問津，那條路總有一天也會消失無蹤。

接下來讓我們做一個簡單的實驗，請試著發出聲音念出以下十三個不具意義的英文單字，念到可以全部記住為止。

YEQ MYV XYF QEJ NIJ WUQ

NYV PYB GEX ZOF DUJ BIW RUV

如何？都記住了嗎？

接下來請闔上書本，拿出一張白紙，把還有印象的單字統統寫下。寫完以後先不要馬上打開書本，把白紙翻面蓋上，看一下時鐘，然後起身做點其他事情，等二十分鐘後再拿一張新的白紙，重複前面的動作，寫下自己還記得的單字。

最後，請各位確認寫對的英文單字總共有幾個。

讀過的內容多久會被我們遺忘？

人類的大腦一次可以處理的資訊量大約只有七位數的數字，接收新資訊以及從既有記憶中掏出資訊的能力也很有限。

德國心理學家赫爾曼．艾賓浩斯（Hermann Ebbinghaus），針對人類學習新知後隨著時間逐漸遺忘的頻率畫成了曲線圖，為此，他用英文子音－母音－子音的方式（如前文出現的英文單字），自行組合出數千個不具意義的單字，然後從中選出十三個，按照節奏朗誦到完全能夠記住為止，並且在經過二十分鐘、一小時、九小時、二十四小時、兩天、六天、三十一天後，分別記錄自己還能記得幾個單字。

一八八五年，他終於把這項實驗結果畫成了「遺忘曲線」（Forgetting Curve，可見下圖）並提出發表。之後有許多心理學家也進行過相同研究，結果都與艾賓浩斯的遺忘曲線一致，於是他成為記憶研究領域的先驅。

根據他的研究結果顯示，明明只是十三個無意義的單字，但就算再怎麼想方設法不讓自己遺忘，學習完二十分鐘後仍只能記住約莫五八％的單字量，一小時以後甚至只會記得四四％的單字量。

七十多年後，一九五九年，對於記憶過程有著高度興趣的美國印第安那大學教授彼得森（Peterson），發表了關於遺忘的驚人研

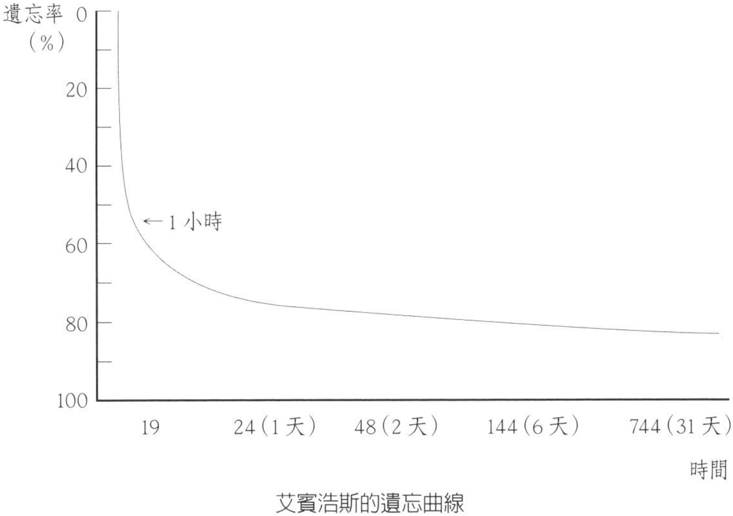

艾賓浩斯的遺忘曲線

究結果。他提供受試者由三個子音組合而成的英文單字，請他們牢牢記住，然後進行測驗。結果發現大部分人在經過三秒鐘之後，就只記得八〇%的單字；經過六秒鐘之後，只記得五〇%；十八秒後甚至只記得低於一〇%的單字。請受試者記住三個英文單字時，也顯示記憶力非常低。是不是很驚人呢？

其實只要再進一步了解這項實驗過程，就會發現這樣的結果並不意外，因為實驗方式是給受試者看完三個英文單字以後，再請他們把百位數（例如四百八十五）不斷減去三、心算數學。這樣各位是否就可以理解為何艾賓浩斯與彼得森教授的研究結果，會有如此大的落差了？

因為我們學習完某項知識以後，如果沒有反覆背誦，學習內容就不會儲存到我們的大腦記憶倉庫裡。平日學習的新知之所以會被遺忘，也是因為讀完後馬上去做其他事情所導致，這就和彼得森教授的實驗過程中，讓那些受試者看完單字以後不斷去計算數學，試圖妨礙背誦英文單字是一樣的道理。

長期記憶與短期記憶的分別

大家是否有過這樣的經驗，花了很長時間在 word 檔上打出來的文件頓時消失不見？我相信只要是使用過電腦作業系統的人，一定多少都經歷過這樣的悲劇。電腦的儲存功能分成兩種，一種是暫存在暫存區裡，另一種則是永遠儲存在電腦硬碟或ＵＳＢ儲存裝置裡，儲存在前者的資訊會因斷電或電腦程式當機而瞬間消失無蹤，為了讓工作內容可以延續進行，那些文件一定要儲存在硬碟或ＵＳＢ儲存裝置裡才行。

人類的大腦記憶同樣分成短期記憶與長期記憶兩種，短期記憶就如同儲存在電腦暫存區裡的內容，長期記憶則好比儲存在電腦硬碟裡的資料。短期記憶會隨著時間流逝而消失，譬如給你一組陌生電話號碼，撥通後請你回想那組電話是幾號，大部分人都想不起來，因為那是暫時儲存於短期記憶的資訊；然而，自己或好朋友的電話就可以不必打開聯絡資料尋找，隨時能夠馬上背出號碼，這是因為被儲存在長期記憶裡的緣故。

同樣的道理，當我們在學習時也是，要不斷反覆背誦學習內容、經常複習，才會被儲存到長期記憶。

有效複習的五大方法

「我的同學好像也沒認真讀書，但是成績卻很好。」

有些學生勤學苦讀卻得不到好成績；有些學生看似都在玩樂，成績卻可以名列前茅，後者都有一個共同點，那就是「有效複習」。

◆養成讀完書以後馬上複習的習慣

前文我們有提到，學習後只過了二十分鐘就會忘掉將近一半的內容，因此，第一次的複習動作一定要在讀完書以後立刻進行。你可能會說沒有這樣的複習時間，但那是因為你把複習想得太過複雜，以為要進行得非常完整才算是複習。然而，其實只要大略看過自己整理出來的重點或筆記，就足以在我們的大腦留下印象。最晚至少也要在一天結束前，大概看過一遍所學內容，只要養成這樣的習慣，就會有效提升你的學習投資報酬率。

◆一有空就回想自己學過的內容

我們為了練習一首自己喜歡的歌曲，只要一有空就回想歌詞和旋律，隨時哼唱。為了把書讀好，其實可以套用相同模式，不論是在通勤或用餐時，都可以抽空回想自己學過的內容，這麼做不僅可以使自己埋首苦讀的時間變少，還能獲得好成績。與其另外安排一段專門複習功課的時間，不如有效運用日常生活中的這些零碎時間。

◆不論如何都要留下深刻印象

回想所學內容，確認有無漏掉或答錯的地方，並加強改進。用其他顏色的筆或螢光筆畫出自己專屬記號，對該部分留下深刻印象。另外安排一本複習筆記本，也是讓自己牢牢記住那些內容的方法之一。

◆批判式分析，用自己的語言重新彙整

不要用機械式的態度去記課堂上聽到、或課本上學到的內容，與其死記那些知識，不如把所學內容轉換成問題，用批判性思考該內容有無任何問題，並將整體內容簡化成自己容易理解的語言，重新彙整。這麼做不僅可以使記憶變得更加清晰，也有利於進行相關題目作答。

當我們對所學內容抱持疑問、批判式思考時，我們大腦的神經迴路就會需要傳遞、接收各種資訊，所以創意力也會跟著提升。記得，複習時要根據科目或出題類型，用不同方式複習才會更有效率。

◆正向思考，積極複習

「好煩喔！」「到底為什麼一定要讀書？」如果抱持著這樣的心態複習，那些知識絕對不可能被烙印在腦海中。回想我們在認識一群新朋友時，有些人的名字就是特別容易被記住，通常是什麼樣的名字容易被記住呢？答案很簡單，不是別具特色就是自己感興趣的對象。同樣的道理，如果你想要讓讀過的內容在大腦裡留下深刻印象，首先就必須喜歡學習，因為喜歡的事物容易被我們記住，討厭的事物則不容易留下印象，這是人腦與電腦最大的差別。

試著為學習的內容賦予意義吧，你會喜歡上這件事，然後過目不忘。

Just do it

1 / 我是屬於擅長複習的人嗎？不是的話，原因是什麼？
是的話，你都是用什麼方法複習呢？

2 / 試著尋找運用零碎時間有效複習的三種方法。

3 / 為了達到有效複習，從現在起要做哪些事？請列舉三項。

04 整理筆記，就能提高三倍訊息儲存量

我把聽到的故事統統記錄下來，
於是獲得了諾貝爾文學獎。

——亞歷山大．索忍尼辛（Aleksandr Solzhenitsyn，作家）

有些學生會想方設法找遍各種理由讓自己不去整理筆記，有些學生則是明知整理筆記的重要性，卻遲遲不肯執行。心理學家佩珀（Peper, R.J）和梅爾（Mayer, R. E.）將學生分成兩組，接著給學生們看一段課程影片，一組學生要邊看影片邊做筆記，另外一組則是單純觀看影片不用做筆記。

結束後，他們針對影片內容進行測驗，結果顯示沒有做筆記的學生比較記得影片中介紹到的實際案例，但核心概念較想不起來；而有做筆記的學生不僅可以想起更多影片中提及的核心

概念，甚至會想到更多影片中沒有介紹到的相關概念。

究竟為什麼會有這樣的差異呢？

那是因為我們在做筆記的同時，主動將內容系統化，並且結合更多過去既有知識的緣故。如果不做筆記單純聽老師講課，反而會無法記住課堂上的關鍵內容，只記得老師開過的玩笑話或無關緊要的事情。

心理學家霍．大衛（David Howe）曾經針對邊聽課、邊摘要重點做筆記的學生，以及直接照著老師所說內容仔細抄寫的學生進行比較，兩種學生的考試結果顯示，前者遠比後者記得更多內容。因為自行摘要重點整理成筆記時，可以重新組織得更具意義。

發揮專注與理解力，成功轉換自己的語言

然而事實恰好相反，如果不做筆記只有聽課，一開始可能會覺得老師說的話很容易聽進耳裡，但是只要不是自己真正有興趣的科目，久而久之，就會在不知不覺間分心、注意力分散。要是上課時有整理筆記的習慣，就會告訴自己要仔細聽課才能精準掌握重點，變得更用心聆聽老師講述的內容。因此，作筆記不僅不會妨礙聽課，還會使我們集中注意力。

另一個要做筆記的理由是，讓學習的內容變得更為明確。所謂作筆記，並不是把學習內容

照抄一遍，而是轉換成自己容易理解的語言。為了能夠轉換成自己的語言，首先要理解自己學到的知識，並從過程中發覺自己知道和不知道的內容有哪些。

不要相信大腦，化成文字印象更鮮明

貝多芬生前留下了堆積如山的作曲手稿，但是根據本人所述，在他實際創作樂曲時是從不看手稿的。有人聽聞這項消息以後，曾經問過貝多芬：「那麼您為何要使用稿紙呢？」於是他回答：「要是不把樂曲構想記錄下來，就會馬上忘記，但是記錄在稿紙後就絕對不會遺忘，事後自然不必再去翻閱手稿。」我們平時上課作筆記也是，光是做筆記這個舉動本身，就會使我們對那些重點和知識留下更深的印象。

美國芝加哥大學心理系教授蘇珊．高丁－梅多（Susan Goldin-Meadow），做過一場實驗，受試對象為兒童。一組兒童在進行考試時可以自由運用手勢，另一組則不能，結果前者的答對率比後者高出一．五倍；除此之外，這項研究也發現，解題時轉動眼球同樣會提高答對率。

由此可見，人類的智能並非僅限於大腦內部，而是與身體整體動作息息相關，我們稱這樣的理論為「體現認知」（Embodied Cognition，編按：指生理體驗與心理狀態之間有著強烈的聯繫）。因此，讀書靠眼睛閱讀、耳朵聆聽、嘴巴述說、手寫筆記，會更具有學習效果。

舉個例子，我在寫書期間如果想到不錯的點子，儘管是在開車或者已經上床準備就寢，還是會馬上起身把靈感抄寫在紙上，有時候會覺得自己應該不可能忘記，所以直接記在腦子裡，然而事後回想就會發現，那些被我抄寫記錄下來的點子，根本不用再去翻閱就可以想起大部分內容，但是被我記在腦海裡的創意，每每我都想不起來，惋惜又無奈。

究竟為什麼會這樣呢？那是因為藉由寫字的過程，會在腦海中留下更鮮明的印象，就如同演講前事先把講稿寫成小抄，但等真正上台演講時反而幾乎不用看小抄。其實，把內容寫成文字並非為了等之後拿來觀看，而是為了讓自己印象更深刻。

提升三倍訊息儲存量的方法……

上課時不做筆記、只單純聽課，那麼老師講的內容就會只儲存在我們大腦裡的聽覺皮質（Auditory Cortex），但如果是邊聽課邊做筆記，我們的大腦不僅會接收到聽覺資訊，自己所寫的文字、句子，也就是視覺資訊會被儲存至視覺皮質（Visual Cortex）裡。除此之外，當我們寫字時會伴隨手部肌肉運動，與此相關的資訊就會被儲存在運動皮質（Motor Cortex）。

正因為做筆記可以讓學習到的內容同時儲存在聽覺、視覺、運動皮質，所以比起單純聽課，**手寫筆記可讓儲存到大腦裡的資訊量多達三倍**，自然更容易想起內容。這就好比把筆放在書桌、接待室桌面、餐桌等各個地方，需要時就很容易隨手取用是一樣的意思。

人類的記憶力是有限的，根據心理學研究結果顯示，人類在學習過後二十分鐘左右就會遺忘四〇%的內容，兩天後大約會忘掉七〇%的內容。因此，要是不把課堂上聽到的資訊精準記錄下來，再聰明的頭腦也難以將那些內容統統記住。

當我們在複習功課或準備考試時，如果沒有筆記只看課本，會不知道該從何看起，宛如大海撈針，而這也是為什麼不認真整理筆記的學生，往往會直接放棄準備考試的原因。如果有一本簡明扼要的重點筆記，複習功課時就會相對輕鬆、容易理解，進而更加認真。此外，人的本性本來就對自己花心思去做的事情更加愛惜，所以妥善整理筆記自然會使我們勤奮好學。

整理筆記的五大技巧

相信各位已經知道整理筆記的重要性了，接下來，我們要思考究竟該如何整理筆記，這件事情同樣也有最有效的方法。

◆用活頁筆記本或按科目分類整理

筆記若能按科目分門別類整理是最好的，如果想把所有科目整理在同一本筆記本，最好選用可以自由組合內頁的活頁筆記本較為方便，因為上課或去圖書館時只要帶著一本簿子寫筆記，之後再按照科目自行歸頁即可。

為了系統化整理讀書內容，我會建議將筆記重點編號，例如：大標以羅馬數字Ⅰ、Ⅱ、Ⅲ標示，小標用阿拉伯數字1、2、3，細項可用一、二、三，解說則用(1)、(2)、(3)等做整理，這麼做能夠讓自己在日後掌握整體重點架構時更為便捷。

◆用各種符號或螢光筆將內容差異化

整理筆記時，哪些是重點、哪些是課堂中學習到的新知、哪些是自己要補強的地方，都要另外作記號才行。例如，需要翻找參考書的部分用黃色螢光筆、老師強調過的部分則用藍色螢光筆標示，之後才能一目瞭然。

重點處可以畫上底線，一定要牢牢記住的部分就打上星號，不甚理解或需要補強的內容則以問號作標示等，試著用各種符號整理筆記。複習時，額外新增的內容則建議改用和上課作筆記時不同的色筆，舉例來說，增添內容時改用藍色或綠色筆就會更醒目，這樣一來，複習功課或作考前準備的時候，讀起來會較有趣味。

當然，這些事情不可能在課堂上執行，所以課後記得要抽空檢查自己作的筆記，並在那時候做標示即可。不過，有一點需要注意的是，千萬不要使用過多的顏色或符號，也不要在幾乎所有的文字下方畫上底線，這樣會使筆記顯得雜亂無章，反而增加混亂感。

◆預留充分的空白處

有些學生或許是為了要節省用紙，總是把筆記本寫得密密麻麻，但是這樣做會遇到三個問題：第一，會使閱讀者感到疲乏；第二，要是發現其他漏掉的重點，就沒有空白處可以補充填寫；第三，之後拿出來溫習時，會難以分辨內容，產生混淆也不容易記住。

當下課鐘聲響起時，就是準備將筆記本翻頁的時候，隨著不同主題，最好間隔一、二行再繼續抄寫，雖然看似浪費紙張，但是這樣做不僅可以節省日後翻找重點的時間，還可以隨時補充遺漏掉的內容，十分方便。而且適度地留白可以讓我們一眼看出從哪裡開始轉換主題，更有系統地掌握全貌。

此外，留白可以使閱讀者的心理多一份餘裕，增加頁數帶來充實感，就算和其他同學溫習同樣的內容，也會對自己深感驕傲。筆記裡的留白會創造出精神上的餘裕，請各位銘記在心。

◆寫下能使自己重拾記憶的線索

如果有多本筆記本，再加上裡面只有寫著生硬的上課內容，我相信一定很難想起裡面記錄過的重點。舉個例子，想要有效記住國小同學的名字，方法之一就是看著共同合影的照片或想像當年的教室情景。因為看著照片或回想教室裡的情景，都會被用作找尋記憶的線索。

我們在整理筆記時也是，安排好找回記憶的線索，之後就很容易重新想起。像是記下當天的日期和天氣，或是當天發生的大事件、課堂上老師拋出的玩笑話、老師的特殊舉動、同學的提問等，把這些事情寫在另一處，日後重新翻閱時，就會像解開繩結一樣接二連三地想起當時讀過的內容。

◆像居家裝潢一樣布置自己的筆記

邊讀書邊創造的第一件作品就是整理好的筆記。但就算是自己親手整理的筆記，內容也要有趣才會令人想要重複翻閱；要是整理得亂七八糟、枯燥乏味，就不會想再拿出來看。再多麼認真整理的筆記，只要我們不想要重新翻開複習，就是失敗的作品。

漫畫書之所以比純文字書容易閱讀，電視機比收音機更引人入勝，是因為有圖像、影像且充滿趣味性的緣故。上課做筆記時，不妨適度地在筆記本上留白，複習功課的時候在留白處畫上有趣的插畫，把重點內容濃縮成簡單、趣味性十足的圖像，或者將教科書或參考書裡的照片、圖表影印出來，乾淨整齊地剪貼在筆記本上，就會提高筆記的精緻度。

不時在筆記裡穿插自己喜歡的至理名言或引經據典，同樣會使人想要重複翻閱。當然，每個人的喜好不盡相同，要是認為簡單明瞭的筆記對學習最有效，也可以選擇走簡約風，整理得乾乾淨淨即可。

最有效率的康乃爾筆記法

從很早以前，許多心理學家就已經開始研究如何有效整理筆記，其中，最有效的筆記整理術之一則是源自美國康乃爾大學所開發的康乃爾筆記法（Cornell Notes system）。隨著這套方法問世，許多生產筆記本的公司也相繼推出這種格式的筆記本。

康乃爾筆記法非常簡單，只要在紙張的左側預留關鍵詞欄位，底部留出總結欄位即可（可參見下方圖）。

檢視完自己整理的課堂筆記以後，把核心單字、問題、需要補充的地方以及與筆記內容有關的

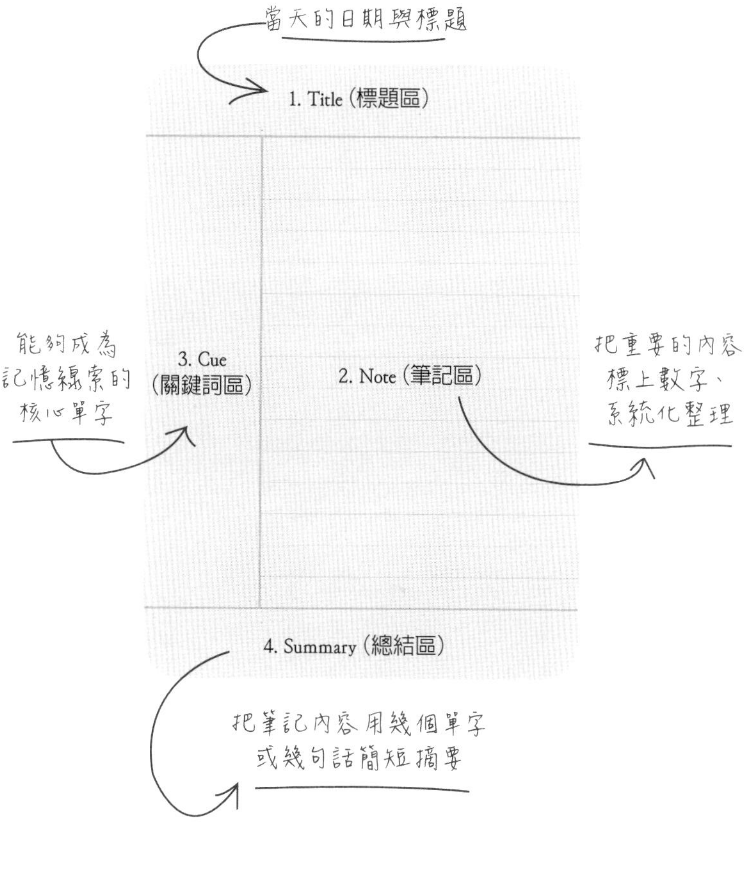

參考事項等，填入左側關鍵詞欄位。這些關鍵字就是線索，有助於將來複習功課時不用看完整本筆記本，就能快速掌握整體架構。光看關鍵詞欄位的內容，就可以測驗自己能否想起紙張右側的整理內容，並確認自己還記得哪些重點，而哪些重點已經遺忘，更有效率地準備考試。

底部的總結欄位則是將該頁整理好的筆記內容，利用簡短幾句話或幾個單字進行總結，這個欄位同樣適合作為考前快速複習使用。總結欄裡可以寫上考試後答錯的題目，讓自己不再重蹈覆轍。

只要把核心概念、重要公式、答錯題目、相關問題等，寫在關鍵詞欄位和總結欄位裡，就不必再翻找教科書或整本筆記簿，即可快速看遍所有重點，溫習更多內容。

Just do it

1 / 平時的筆記整理習慣有哪些地方是需要改進的？

2 / 試著寫下善於整理筆記有哪些好處？

3 / 試著寫下從今以後想要嘗試的高效筆記整理術。

05 畫成圖、編故事，讓感官幫你記東西

不管寫什麼都要寫得簡短，才容易閱讀；寫得簡明扼要，才容易理解；寫得像幅畫一樣，才會記憶長存。

——約瑟夫．普立茲（Joseph Pulitzer，美國大眾報刊標誌性人物）

許多學生會在讀書時單靠眼睛閱讀筆記或書本，然而有些學生會試著根據內容畫成圖表、想像文字所描述的畫面，兩種學生裡哪一種比較能在短時間內記得更多內容呢？不用我說各位一定也知道，絕對是後者。讓自己確實記住的方法之一就是試著把文字畫成圖像。接下來，就讓我們一起探究背後究竟有著什麼樣的原因。

把內心想法傳遞給對方的最佳方法，就是把它掏出來讓對方能夠親眼看見；而藉由文字或圖像視覺化呈現，我們可以用肉眼確認，自然更容易理解。假設你走在一條陌生的道路上，需

要向人問路，結果一個熱心人士是單純用口頭仔細向你說明，另一人則是邊畫路線圖邊解說，你覺得哪個人的說明會更有幫助呢？可想而知一定是後者。

讓我再舉另一個例子，當我們在學習分子結構時，單純用口頭仔細解說的老師和邊提供立體圖像邊做說明的老師，哪一種老師的課程更容易使人理解、印象更為深刻呢？同樣是後者。為什麼呢？

動員愈多感覺器官，愈能幫你記憶

我們的大腦分成左半球和右半球，左半球主要掌管語言（說話或文字）和邏輯思考，右半球則負責圖像、音樂或直觀能力等各種非語言的功能。當我們在學習時，要是能把課本或課堂上接收到的語言資訊畫成圖像或圖表，就等於同時用到兩側的大腦。反之，如果只有單純用眼睛閱讀或抄寫複習，就只會用到一側的大腦。

因此，學習時不妨試著把文字內容畫成圖像或圖表，會比單純默背或反覆抄寫複習來得更有效，印象也更深刻。**讀書學習時動員的感覺器官愈多，就愈容易記憶**。舉例來說，在背英文單字時不妨看著英文單字，想像與單字有關的畫面或者畫成圖像，然後發出聲音反覆默念，再一邊抄寫練習，這樣一來更能夠加強記憶。

用全身讀書會比單純用眼睛讀書更有效，是有其根據的。人類大腦的新皮質（Neocortex）有專門處理所見內容的視覺皮質、負責所聞內容的聽覺皮質，以及掌管說話的語言皮質、調節身體運動的運動皮質等，所以光是用眼睛閱讀學習的內容，只會被視覺皮質處理，但是用全身學習，那些內容至少會被大腦四個以上的部位儲存，自然更容易記住。

利用關鍵字、圖像加深記憶力

我們先來做一項簡單的實驗，下列分別把兩個單字湊成一組，試著把各個單字都念一遍。

鴨子——斧頭
馬鈴薯——玩偶
針——小孩
菸——石頭
豬——桌子

念完以後把下方的單字用紙遮住，然後看著上方的單字想出下方配對的單字。要是下方的單字與上方有關，例如「鴨子－河水」，一定會更容易記住，但是上述組合是兩個毫無關聯的單字，所以如果要死記這些單字並不容易。然而，有些人就是可以很輕鬆地把這種不相干的內容牢牢記住，他們多半會使用一種策略：把兩個單字組合在一起，創造出一個畫面。

心理學家戈登・霍華德・鮑爾（Gordon H. Bower）就曾進行過一項實驗，對一組受試者提供上述單字組合（例如：豬－桌子），接著造句：「豬把桌子掀掉了。」讓受試者去想像；對另外一組受試者則要求看著單字默背死記，實驗結果顯示前面那組受試者可以準確想起七五％的單字，後面那組受試者卻只能想起三五％的單字。

大家在背讀英文單字時都是用什麼方法呢？假如現在要你背一個英文單字「vivid」，最多人使用的方法就是發出聲音念「v-i-v-i-d，明亮的、生動的、鮮明的」，不然就是反覆抄寫或默背。然而，有個方法更有效，那就是想辦法變成故事或畫面。

首先，假設你要背的單字是「vivid」，就可以先尋找有無發音相似的字詞，例如「肥肥的」，然後再把這個單字和「vivid」的意思結合成一句話。譬如：「肥肥的姊姊和瘦瘦的妹妹，兩人形成了鮮明的對比。」日後只要看到「vivid」這個英文單字，就會聯想到「肥肥的」，然後想起它的意思是「鮮明的」。「肥肥的」這個單字等於扮演了喚醒記憶的「鑰匙」角色，這在心裡學上稱為「關鍵字記憶法」（Keyword Method）。

心理學家約翰・威廉・阿特金森（John William Atkinson）曾用這套方法訓練美國學生背德文，

六週後，他比對了接受這套訓練的學生和一般學生在學習上有無差異，結果顯示這組學生記得的單字是一般背誦外文單字的學生兩倍之多。

將內容簡化或編構成故事

將各種內容有效記憶的最簡單方法，就是只取字首將其簡化，或者編構成故事。不論古今中外，這套方法都是最被廣泛使用的，在心理學領域稱之為「字首技法」（Acronym Technique）。

例如，我們在背彩虹總共有哪七種顏色時，是用「紅橙黃綠藍靛紫」來記憶；在背朝鮮時代王的名字時，也是以「太定太世文端世……」（譯按：太祖、定宗、太宗、世宗、文宗、端宗、世祖），來讓自己快速記住。

更有效的一套方法是不僅取字首，還在中間穿插助詞或其他單字，使整句話變得更完整也更有趣。例如：法律的五個層級分別是「憲法－法律－命令－條例－規則」，那麼我們就可以自行創造一句話，像是「撰寫憲－法時，標體命名－條列式才符合規則。」

學測補習班的知名講師都有一個共同點——儘管再難記的內容都會用他們自己的方式包裝成故事，讓學生們留下深刻印象。把看似不相干的各種內容按順序記住，那就得盡可能把內容編構成一套故事。

接下來有一項簡單的實驗，請各位把以下單字按順序讀一遍。

鳥↓衣服↓頭↓郵差↓河↓劇場↓護士↓眼皮↓蜂蠟↓火葬

讀完了嗎？接下來把書闔上，試著在一張白紙上把剛剛讀過的十個單字按順序默寫。寫完以後請重新翻開書本，看著那十個單字，創作成下面這段故事，然後重新試著背背看。

身穿鳥衣服、頭戴郵差帽的男子，縱身跳進河裡。此時，附近劇場裡跑出一名護士，在那名男子的眼皮塗上蜂蠟。男子最後還是斷了氣，屍體則被送進火葬場。

如何？有沒有覺得這次背起來比較容易呢？心理學家鮑爾為了驗證這套記憶法，他提供受試者們閱讀十二行單字組合，分別由十個不相干的單字組成，並請他們自行創造成故事讓自己記住；然後另一組受試者則只能單純透過反覆默念的方式熟記「鳥↓衣服↓頭……」。最後，請兩組受試者按順序寫下單字。

由於提供默背的時間還算充足，所以剛背完就接受測驗時，兩組受試者幾乎都答對。然而隨著時間流逝，兩組受試者再重新做了一次測驗，結果出現明顯落差。有自行創造故事的那組受試者，可以精準想起九三%的單字，反觀單純死背的那組受試者，則只能想起一三%的單字。

怎麼會有如此大的落差？那是因為當我們在創造故事時，腦海裡自然會浮現相關畫面，然後把該記的所有內容儲存成一個完整的故事，也就是一段影像的緣故。而且這樣的方式會使單字環環相扣，說到一個單字時自動聯想到下一個單字。

把學習內容編成故事有幾個好處：第一，故事前後有因果關係，所以容易理解；第二，故事比解說更具趣味性；第三，故事帶有意義，比較容易記住。從很久以前，人類的大腦結構早已演化成對於故事型態比較容易理解、記憶，因此把學習內容轉換成有趣的故事，就可以有效指導他人、達到高效學習。

故事結構的四個法則——4C：

1. 因果（Casuality）：事件要由因果關係串聯。
2. 衝突（Conflict）：達成目標的過程中要有障礙物。
3. 複雜（Complication）：內容單調會使人感到無聊。
4. 人物（Character）：充滿特色、有趣的人物會擔任主角。

難以忘記歌詞的最大原因……

當學習內容難以組織成容易記住的方式時，可以考慮改用唱的方式進行記憶。例如：〈獨島是我們的領土〉或〈照耀韓國的一百位偉人〉，都是以難記的內容作為歌詞。前者的歌詞就是「慶尚北道鬱陵郡，南面道洞一番地，東經一三二，北緯三十七，平均氣溫十二度，降水量是一千三，獨島是我們的！」

當我們需要背元素週期表或歷史時，內容順序不僅不能錯、又難以系統化整理的時候，把要背的內容套上自己熟悉的音樂旋律尤其有效。

這套方法有兩大優點，一來是可以讓讀書變得不無聊，再者是背過一次就很難忘記。失智症患者之所以會忘記自家電話號碼卻不會忘記歌詞，是因為歌曲不僅儲存在我們的大腦左半球，也同時儲存在右半球的緣故。

Just do it

1 / **下方提供各位十個單字，**
請試著練習自創故事，讓自己記住這組單字。

馬車－頂樓－天空－鉛筆－馬鈴薯－筆記
公車－音樂－電台廣播－旗子

2 / **找出一個像化學元素週期表一樣不容易記住的內容。**

3 / **試著把不容易記住的內容套用在自己喜歡的歌曲上，變成歌詞背誦。**

06 人生中無法避免的一件事，我們如何迎戰？

我們可以決定自己的行為，行為也可以決定我們。

——喬治・艾略特（George Eliot，英國作家）

身為大人的我以前也是長期受考試所苦，所以不論功課好壞，我相信都沒有人喜歡考試。但是我們偏偏身處在不論如何都要考試的文化裡，過去是這樣，未來依然是如此。截至目前為止，大家一定經歷過無數次大小考試，未來一樣避免不了，就算學測結束上了大學，還是會需要應付各式各樣的考試，比方說畢業考、證照考試、就業考試等，才能順利找到一份工作。各位以為這樣就結束了嗎？不，進了公司以後還是會有工作考核、升遷考試在等著你。

不論喜歡不喜歡，考試就是確認努力結果的重要手段。它藉由成績讓我們看見自己還有哪些不足、哪些地方需要再加強，同時培養出我們的好奇心與挑戰心。既然難以逃避，不如用正面的心態去看待考試這件事，然後物色出有效應對的方法。

以下我將提供大家幾種準備考試的實用方法。

◆平時就開始準備

有句話是這麼說的：「懶惰的人在黃昏時最忙碌。」許多學生都會在考試將近的時候，才準備臨時抱佛腳。美國心理學家羅伯特・艾普斯坦（Robert Epstein）做過一項實驗，他讓一組受試者讀書時中間可以穿插休息，另一組受試者則不准休息，得一口氣讀完。結果不論是實驗一結束或事隔好幾天，結果都顯示中間穿插休息的那組受試者獲得明顯較高的成績。

原因如下：第一，可以定期回想自己讀過的內容，讓記憶更為鮮明。第二，因為讀書時間不長，所以比較不會無聊，反而提升了讀書動機與讀書意欲。第三，偶爾休息可以緩解疲勞，提高學習效能。第四，類似的內容隔一段時間再讀，可以找到與之前讀過的內容有何關聯，整理得更有系統。所以總結來說，臨時抱佛腳是非常不明智的選擇。

◆不同科目要用不同的準備方法和時間安排

準備考試時，要根據科目設定考試準備方法。如果是以默背為主的科目，就得找到有效默背的方法；以理解為主的科目，則要徹底理解才能夠輕鬆解題。最重要的是要懂得適當分配學習科目數量與各個科目要投資的時間，如果數學是你的罩門，就得安排每天溫習數學，覺得不太困難的科目則安排相對較少的時間，這樣讀書才會有效率。

◆站在出題者的立場思考

理解、默背完學習內容以後，要養成把內容轉換成考題的習慣。最主動的方式就是去解題，甚至進一步思考：「如果我是出題老師會出什麼樣的考題？」這樣做會有助於你加速理解內容，也不容易遺忘。

設定考題時，找個朋友一起互相考對方也是不錯的方法之一。

◆確認完答案以後，製作一本錯題本

當一個科目的考試結束以後，不必馬上確認答案，與其確認自己有沒有答對題目，不如利用那段時間來準備下一堂課要考的科目。

我知道有很多學生會在考試一結束就大聲歡呼，接著把試卷隨手一扔，連看都不再多看一眼，但其實不論任何考試，全科目考完後都應該確認答案才對。我會建議另外製作一本「錯題本」，把答錯的題目和正確解答、答錯原因都記錄在這個筆記本內。比方說用不同顏色的筆來標示自己為什麼答錯，有些可能是因為沒把題目看仔細，有些可能是因為想不起來答案，這麼做可以避免下次考試又犯相同錯誤。

◆整理出和考題有關的內容

重新檢視一遍試題，並把教科書和參考書裡與試題有關的文章句子標示出來，不論是答對

或答錯的題目，只要被出成考題，就表示是重點，而且很有可能在下一次考試時再度出現。

有些題目其實是被我們猜對的，但是很多學生會把這種情形歸功於自己的猜題能力很好，而不願意再看一遍考題，像這種情況一定要先確認自己究竟為何答對，並回去翻找課本裡提到解答的部分、再特別標示出，這樣一來，下次看到類似考題時才能減低答錯機率，充滿自信地寫下正確解答。

選擇題拿高分的八個技巧

1. 先把試題念一遍，預想一下答案會是什麼，要是腦中想到的答案有在答案卡上，就很有可能是正確解答。
2. 掌握題型，確認題目是以正面表述（找出正確、有關的），還是以負面表述（找出錯誤、無關的）。
3. 就算對答案很有把握，或者馬上就找到自己預想的答案，還是要把其他選項都看過一遍，因為有時候意想不到的選項更可能是正確解答。
4. 小心提防過於簡單的題目。猜測出題意圖，把題目仔細讀完，因為愈是簡單的題目愈容易暗藏陷阱。

5. 把比較難解或容易混淆的題目先標示出來，放著等之後再回頭作答，因為要是太執著於困難的題目，反而只是在浪費時間，使自己徒增焦慮，原本知道的題目也很容易不小心答錯。
6. 如果對答案沒有把握，建議使用刪去法，先一一剔除不相干的選項，那麼就能選到最接近答案的選項。
7. 如果題目先出現一段文章再提問，就要「先看問題再閱讀文章」，這樣才會知道要從文章裡找出什麼答案。
8. 多留意選項上使用的語氣，「經常」、「絕對」、「一定」、「全部」等過於平凡的內容就比較不可能是答案；反之，含有「偶爾」、「可能」、「一般來說」等形容的句子，反而很有可能是答案。

申論題拿高分的八個技巧

1. 把問題先念一遍，猜想問題的意圖或核心重點。
2. 在可以作為答案的線索或核心單字上畫底線或做標示。
3. 把題目和答案的重點簡潔明瞭地記在一旁空白處。

4. 填寫答案時要注意不能有錯字，盡量書寫得整齊乾淨。（申論題反而看重字跡不能太過潦草。）
5. 填寫答案前先想好要如何串聯關鍵字。
6. 把記下來的關鍵字一個不漏地寫入答案裡。
7. 比起模糊、普通的單字，盡量使用具體、明確的單字。
8. 把自己的想法按照開頭－中段－結尾的邏輯順序，井然有序地提出具有說服力又明確的主張。

Just do it

1 / 試著舉出三項需要改進的準備考試習慣。

2 / 準備選擇題考試時，最需要留意哪一點？

3 / 準備申論題考試時，最需要留意哪一點？

07 無法真心喜歡每一個老師怎麼辦？你可以這樣選擇！

人類與動物的不同之處，是動物會依照刺激反應，人類則是可以選擇要做什麼反應。

——威廉．葛拉瑟（William Glasser，心理學家）

下述內文是來自一個大學生，對於高中時期學習態度感到後悔萬分的肺腑之言。當我們討厭某位老師時，對於該名老師所指導的科目也會感到厭惡；反之，喜歡某位老師，自然就會喜歡他的課，學習自然變得認真。

高中時期，我很喜歡新來的歷史老師，從那時起，我專心聽課也認真做筆記，用心準備考試，甚至刻意找問題去辦公室詢問老師。最後，我的歷史科目拿到全班最高分的成績。

反觀我的數學則因為和老師關係不佳，所以不怎麼想上數學課，課堂上我總是做其他事情，數學成績當然一落千丈。

最終，我因為數學成績不理想，不得不放棄我真正想要選填的志願。

韓國有一句俗語：「討厭的僧侶，連他穿的袈裟都討厭。」另外也有「心愛的妻子，連見到她娘家的木樁都會行跪拜禮。」這些俗語都說明了人類的心理，當我們討厭一個人的時候，他的一切也會跟著討厭；喜歡一個人，就連他的一切都會跟著喜歡。從洗碗精到汽車廣告，為什麼廣告商要不惜花大錢去請美麗的代言人來替商品宣傳呢？那是因為代言人的良好形象會轉移至商品，替商品增加銷量的緣故。譬如，展示汽車時搭配外型亮麗的女模特兒，會比沒有模特兒單純展示車輛時獲得更正面的評價。

像這樣把某物結合正面或負面刺激後一同呈現，日後就算只有單獨展示某物品，同樣會誘發民眾的正面或負面情感，這在心理學上稱作「聯結律」（Law of Association）。而當我們討厭一個老師就會連他教的科目都討厭、喜歡一個老師就會連他教的科目都喜歡，同樣是因為聯結律所導致。

人類的偉大之處在於——自由選擇

「我認為輕度的叛亂是好事，就如同自然界的暴風雨一樣，也承認政治圈需要這樣的暴風雨。」心理學家洛奇（I. Lorge）對大學生說了這句簡短的文章以後，告訴其中一部分的學生，這是美國第三任總統湯瑪斯．傑佛遜（Thomas Jefferson）的至理名言；然後又對另一部分的學生說，這是俄羅斯共產主義革命家列寧說過的話。

結果明明是同樣一句話，前面先告知的學生大部分都認同這句話，但是後面告知的學生則幾乎不認同。像這樣對某個特定對象的情感（對老師有好感或反感），會影響到與該名對象有關的其他事物（上課內容），我們在心理學上稱為「情感遷移」（Affect Transfer）現象。

《聖經》裡有一句話：「可恨的是罪行，而非罪人。」意思是我們可以厭惡一個人錯誤的行為，但是不能因為那項行為而討厭那個人。要是把這句話換成「討厭的是老師的態度和教學方式，而非老師本人。」你覺得如何呢？如果認為太難做到，那麼至少不要去討厭那項科目，因為到頭來吃虧的人還是自己。

如果指導學生的老師都能像明星藝人一樣男的帥、女的美，或是像喜劇演員一樣幽默風趣，那麼我們上起課來自然幸福無比，但現實不可能如此。如果對老師的喜愛程度會決定該項科目的喜好度，這就和隨著天氣變化影響心情是一樣的意思。世界上有兩種人，一種是怨天尤人、坐以待斃，另一種則是為自己的人生負責、積極開拓未來。

我們可以把狗訓練成一聽見鈴聲便流口水，也可以訓練成一聽見鈴聲便出現驚恐反應，要是因為討厭老師而連帶討厭該項科目，我們就和巴夫洛夫的狗沒什麼不同，因為狗無法選擇自己的人生。**愈是懂得對自己的人生負責、主導人生的人，愈會依照目標而非刺激（學校、家庭環境、老師等）做出反應**，不論自己喜不喜歡老師，都會按照自己的需求讀書。我們不能控制天氣，但是下雨天要不要撐傘是我們可以決定的事；同樣地，我們不能選擇老師，但是要用什麼心態去面對該項科目，則可以由我們決定。

「人類的偉大之處在於，可以在刺激與反應之間自由做選擇。」這是神經學家維克多．法蘭克說過的話。如果各位不想要把人生交給環境或其他人，就別再用討厭老師當藉口，試圖把自己疏忽掉該科目的行為合理化。

如何擁有和討厭的人和平共處的能力？

天氣總是變幻莫測，時而溫暖，時而寒冷，時而下雨，時而下雪；我們與人相識也是一樣，有時候會遇見自己喜歡的對象，但大多時候都是遇見討厭的對象，這就是人生。人際關係智能不是看你如何和喜歡的對象相處，而是看你如何和討厭的人相處。當我們擁有和討厭的人也能和平共處的能力時，那將會是你在精神上不可多得的資產。

如果要向討厭的老師學習，請記得思考以下幾點：

◆承認每一位老師不可能都是天使

試問大家是否都是父母最優秀的兒女，或者是學校模範生？還是人見人愛的朋友？既然我們都不是完美無瑕的天使，老師也是人，同樣會有遇到瓶頸或問題的時候，如果你有不喜歡的老師，記得先承認老師並非聖人，和你我一樣都只是凡人。

◆把別人的錯當成他山之石

「他山之石」，別座山上的石頭，可以取來製作治玉的磨石，意指就算看似毫無用處的東西，也會依照你用在哪裡而變得有用。如果不喜歡某個老師，不如思考自己未來該怎麼做才能夠避免成為像老師那樣的人。

◆愈是討厭，愈要拉攏

智者往往懂得如何收服討厭的人，拉攏對方變成力挺自己的人脈，這就是和一般人最大的不同點。試著站在對方的立場思考，然後做一些對方會喜歡的舉動，例如：更認真學習該科目、上課時適時地和老師有眼神交會、認真聽課、更虛心請教，我相信最後只會有更多好事發生在我們身上。

Just do it

1 / 請寫出因為討厭老師而連帶討厭的科目是哪一科？理由是什麼？

2 / 從討厭的老師那裡可以獲得什麼教訓？

3 / 為了拉攏討厭的老師，該做哪些事？

結語

這本書的終點，會是你的起點

兒子十幾歲時，我曾經在一旁聽過他和媽媽的對話。

妻子問他：「今天在學校還好嗎？」結果兒子語帶不耐地回答：「不知道，好累。」雖然已經事隔多年，但我相信現在十世代的青少年應該還是這樣，最常用「不知道」、「沒為什麼」、「算了」來作回應。還記得當時，我憤而起身糾正兒子：「你那是什麼態度？」儘管如此，我心知肚明他一定是身心俱疲才會有這樣的反應。

我推測當時的兒子以及現在的青少年，或許是以這樣的心情度過每一天。「啊，好想再多睡一點，好討厭上學，但還是得起床去學校。每天都要上那些無聊又難懂的課。又要因為遲到、服裝不合規定、上課態度不佳、成績不好而被老師訓話。放學後還要去補習班，等到一天快要結束的時候，早已經累得不醒人事。有時候就算下定決心要認真讀書，成績還是不見起色。老師和爸媽每天開口閉口都是叫我『去讀書』、『別整天只想著玩』，雖然這些叨念都是為了我好，但耳朵已經聽到都長繭了。地獄般的學生時期，到底什麼時候才能結束啊……。」

在此，我想要與各位分享一段內容，取自海倫．凱勒（Helen Keller）寫的散文《倘若給我三日光明》（*Three Days To See*），內容摘要如下：

> 某天，海倫．凱勒向剛從森林裡散步回來的朋友問道：「你看見了什麼？」於是朋友回答：「沒什麼特別的。」聽完這句話的海倫．凱勒，對朋友訴說自己其實經常在內心裡哭喊，因為她想要看見一般人能夠感受到的所有美好畫面，她接著說：「我只有一個心願，那就是在死前讓我恢復視力三天就好，讓我看看這世界。」然後她告訴朋友自己預計會如何度過那三天。
>
> 第一天，我想要見見我摯愛的朋友，他們讓我感受到生命的意義，也對我十分親切、充滿溫暖。當我恢復視力可以看見世界時，我一定要先去找老師，是她把我從黑暗中救了出來，我會仔細端詳過去只能用手感受的那張臉。然後我要看看朋友，親自閱讀書本。下午我會在草地、山裡散步，看看漂亮的花草樹木，傍晚則會在美麗動人的夕陽前進行感謝禱告。那晚，我應該會難以入眠。
>
> 第二天，我要在太陽還沒升起時就起床，親眼見證天空由黑轉白的奇蹟，然後用敬畏的心去觀看使大地萬物甦醒的日出光景，然後仔細瞧瞧世界的每一個角落。白天我會去博

物館和美術館走走，晚上就去電影院看場電影，夜晚也要看看布滿繁星的星空。

第三天，我要一大早就走上街頭，看看忙碌的上班族充滿朝氣的表情，然後白天去欣賞歌劇院，晚上則到市中心看閃爍的霓虹燈和櫥窗內展示的華麗商品。等回到家迎接人生的最後一刻時，我會感謝上蒼能讓我擁有三天的光明，然後永遠重返黑暗。

如果我們抱持著哪天再也看不見也聽不到的想法，在使用眼睛和耳朵時，或許就會察覺到其實自己擁有許多美好事物，不再視其為理所當然，心懷感念並且更加珍惜、更認真使用這些器官，進而比以前收穫更多、倍感幸福。儘管面臨痛苦的事情，也一定能找到正面因素；再怎麼悲慘的情況，只要設想更糟的情形，就能夠安慰自己其實已經很幸運。

人類是因為對事物的見解而感到痛苦，絕非事物本身。雖然我們會經歷許多考驗和磨難，但是透過這本書，希望你可以用稍微不一樣的角度看待自己以及世界，然後用更寬容的心去面對自己和周遭，享受現在正在做的事情。

世上所有問題都有解答，解決方法也不只一種，衷心期盼各位可以找出更多解決對策和人生智慧。未來不論在哪裡做什麼事，都能成為照亮自己和周遭夥伴的希望之光。

就算年紀再大，也沒有所謂為時已晚，後悔是不論多快都嫌晚，開始則是不論多晚都是快的。這本書的終點，希望會是各位的起點……。

Here & Now

閱讀完這本書以後，我的心得是什麼？改變了什麼？

________年____月____日

Here & Now

閱讀完這本書以後，我的心得是什麼？改變了什麼？

________年____月____日

國家圖書館出版品預行編目資料

心理學家爸爸寫給青春期的你，那些脆弱與美好的人生／
李珉圭著；尹嘉玄譯. -- 初版. -- 臺北市：城邦商業周刊，
107.10　256面；14.8×21公分.
譯自：지금 시작해도 괜찮아 : 심리학자 아버지가 아들에게 보내는 편지
ISBN 978-986-7778-42-0（平裝）

1. 親職教育　2. 親子關係　3. 青少年問題

528.2　107016775

心理學家爸爸寫給青春期的你，那些脆弱與美好的人生

作者	李珉圭
譯者	尹嘉玄
商周集團榮譽發行人	金惟純
商周集團執行長	王文靜
視覺顧問	陳栩椿
商業周刊出版部	
總編輯	余幸娟
責任編輯	呂美雲
封面設計	copy
內頁排版	copy
出版發行	城邦文化事業股份有限公司-商業周刊
地址	104台北市中山區民生東路二段141號4樓
傳真服務	(02) 2503-6989
劃撥帳號	50003033
戶名	英屬蓋曼群島商家庭傳媒股份有限公司城邦分公司
網站	www.businessweekly.com.tw
香港發行所	城邦（香港）出版集團有限公司 香港灣仔駱克道193號東超商業中心1樓 電話：(852) 2508-6231　傳真：(852) 2578-9337 E-mail：hkcite@biznetvigator.com
製版印刷	鴻柏印刷事業股份有限公司
總經銷	聯合發行股份有限公司　電話：(02) 2917-8022
初版 1 刷	2018年10月
定價	330元
ISBN	978-986-7778-42-0（平裝）

Original Title：지금 시작해도 괜찮아
"It's Never Too Late to Start" by Lee, Min-Kyu

Original Korean edition published by THENAN CONTENTS GROUP